《中国关键词:"一带一路"篇》图书编委会名单

主　任：周明伟

副主任：王刚毅　朱英璜

委　员（按姓氏拼音排序）：

鲍川运　包乌尔江　蔡力坚　曹轶群　宫结实
侯贵信　黄才珍　黄　宜　黄友义　贾宁一
李英男　梁永贵　孙海燕　王宝泉　王　复
王晓辉　王义桅　王众一　蔚　玲　吴　健
徐明强　杨　平　于运全　张忠义　赵　磊

中文编写组（按姓氏拼音排序）：

孔祥龙　孙敬鑫　孙　明　王　磊　徐龙超
袁　剑　赵明昊　张久安

意大利文翻译、编辑组（按姓氏拼音排序）：

金　京　刘　湃　Massimo Carrante（意大利）
王宝泉

PAROLE CHIAVE PER CONOSCERE LA CINA — L' INIZIATIVA "UNA CINTURA E UNA VIA" COMITATO EDITORIALE

Direttore: Zhou Mingwei
Vice direttori: Wang Gangyi, Zhu Yinghuang
Membri: Bao Chuanyun, Bao Wuerjiang, Cai Lijian, Cao Yiqun, Gong Jieshi, Hou Guixin, Huang Caizhen, Huang Yi, Huang Youyi, Jia Ningyi, Li Yingnan, Liang Yonggui, Sun Haiyan, Wang Baoquan, Wang Fu, Wang Xiaohui, Wang Yiwei, Wang Zhongyi, Wei Ling, Wu Jian, Xu Mingqiang, Yang Ping, Yu Yunquan, Zhang Zhongyi, Zhao Lei
Redazione in cinese: Kong Xianglong, Sun Jingxin, Sun Ming, Wang Lei, Xu Longchao, Yuan Jian, Zhao Minghao, Zhang Jiuan
Traduzione in italiano: Wang Baoquan, Jin Jing, Liu Pai, Massimo Carrante

"一带一路"篇
UNA CINTURA E UNA VIA

中国关键词

PAROLE CHIAVE
PER CONOSCERE LA CINA

中国外文出版发行事业局（CIPG）
中国翻译研究院（CATL）
中国翻译协会（TAC）

Prima Edizione 2017

Documento a cura del China International Publishing Group (CIPG), della China Academy of Translation e della Translators Association of China

Traduzione di Wang Baoquan, Jin Jing, Liu Pai, Massimo Carrante

Copyright: New World Press, Beijing, Cina
Tutti i diritti sono riservati. Nessuna parte di questo libro può essere riprodotta in qualsiasi forma o con qualsiasi mezzo senza il permesso scritto dell'editore.

ISBN 978-7-5104-6247-4

Pubblicato e distribuito da
NEW WORLD PRESS
24 Baiwanzhuang Street, Beijing 100037, China

Tel: +86-10-68995968
Fax: +86-10-68998705
Sito Web: http://www.nwp.com.cn
E-mail: nwpcd@sina.com

Stampato nella Repubblica Popolare Cinese

前言

《中国关键词:"一带一路"篇》多文种系列图书是"中国关键词多语对外传播平台"项目成果。

"中国关键词多语对外传播平台"是中国外文出版发行事业局、中国翻译研究院和中国翻译协会联合组织实施的国家重点项目,主要围绕以习近平同志为核心的党中央治国理政新理念、新思想、新战略,进行中文词条专题编写、解读以及多语种编译,通过平面、网络和移动社交平台等多媒体、多渠道、多形态及时持续对外发布,旨在以国外受众易于阅读和理解的方式,阐释中国理念和中国思想,解读中国政策和中国发展道路。

为了使读者更全面、客观地了解"一带一路"倡议,《中国关键词》项目组联合中央相关部委、涉外新闻媒体、科研机构以及高等院校等的研究及翻译专家,系统梳理、专题编写、编译出版了《中国关键词:"一带一路"篇》中外对照多文种系列图书,涵盖英语、法语、俄语、西班牙语、阿拉伯语、德语、葡语、意大利语、日语、韩语、越南语、印尼语、土耳其语、哈萨克语14个语种。

由于能力及时间所限,在中文词条选择和编写这些"关键词"时,难免挂一漏万,表述也可能存在偏颇,尤其是在介绍相关国家倡议和前期合作项目时,只提供了部分线索;外文译文表达也可能多有不足,仅供阅读参考,欢迎读者指正。

讲故事需要关键词,讲好中国故事需要中国关键词。让我们用"中国关键词"点击中国、沟通世界。

Prefazione

Parole Chiave per Conoscere la Cina - l'iniziativa "Una cintura e una via" consiste in una selezione di termini sulla Cina raccolti nell'omonima piattaforma multilingue. Questa offre una guida autorevole per capire la Cina contemporanea, la sua filosofia di governo e la visione del Comitato Centrale del Partito Comunista Cinese con al centro il presidente Xi Jinping, fornendo al pubblico internazionale una finestra aperta sul pensiero politico della Cina e sul suo approccio allo sviluppo.

Si tratta di un grande progetto nazionale intrapreso da China International Publishing Group, China Academy of Translation e dalla Translators Association of China. Sarà possibile accedere a suoi contenuti anche on-line e sulle piattaforme social media per telefonia mobile.

Quest'opuscolo è stato redatto per aiutare il lettore a comprendere meglio l'iniziativa "Una cintura e una via". Nel corso della sua compilazione, il team responsabile del progetto ha lavorato a stretto contatto con esperti di dipartimenti governativi, del mondo dei media e con istituti di ricerca e istituzioni d'istruzione superiore. Queste voci sono state raggruppate in capitoli tematici e presentati in

14 lingue (arabo, inglese, francese, tedesco, indonesiano, italiano, giapponese, kazako, coreano, portoghese, russo, spagnolo, turco e vietnamita) oltre alla versione originale in cinese.

Data la vastità dei temi trattati e dei tempi ristretti per lo svolgimento di questo lavoro potrebbero essere presenti alcuni errori o inesattezze, in modo particolare nella trattazione delle iniziative decise da altri Paesi e organizzazioni, e dei progetti in fase preliminare. Siamo consapevoli che le nostre traduzioni possono ancora lasciare spazio al miglioramento e saremo lieti di accogliere i commenti e i suggerimenti dei lettori.

Le parole chiave sono necessarie per raccontare una storia, e le parole chiave sulla Cina raccontano la storia di questo Paese. Ci auguriamo che il nostro progetto possa contribuire a presentare e a connettere la Cina al resto del mondo.

SOMMARIO
目录

基本概念 · Concetti essenziali

"一带一路" ··· 002
"Una Cintura e Una Via"

丝绸之路经济带 ··· 004
Cintura Economica lungo la Via della Seta

21世纪海上丝绸之路 ···································· 006
Via della Seta Marittima del XXI Secolo

丝路精神 ·· 008
Spirito della Via della Seta

丝路基金 ·· 010
Fondo della Via della Seta

亚洲基础设施投资银行 ································· 012
Banca Asiatica d'Investimento per le Infrastrutture

推进"一带一路"建设工作领导小组 ············· 014
Gruppo Direttivo per l'Avanzamento dell'Iniziativa "Una Cintura e Una Via"

《推动共建丝绸之路经济带
和21世纪海上丝绸之路的愿景与行动》 ······ 016
《Costruzione Congiunta della Cintura Economica della Via della Seta e della Via della Seta Marittima del XXI Secolo - Visione e Azioni》

"五通" ·· 020
"Cinque Connettività"

建设目标 · Obiettivi dell'iniziativa

利益共同体 ··· 024
Comunità dagli Interessi Condivisi

责任共同体 ··· 026
Comunità dalle Responsabilità Condivise

命运共同体 ··· 028
Comunità dal Futuro Condiviso

绿色丝绸之路 ··· 032
Via della Seta Ecologica

健康丝绸之路 ··· 036
Via della Seta della Salute

智力丝绸之路 ··· 038
Via della Seta verso la Scienza e la Tecnologia

和平丝绸之路 ··· 040
Via della Seta Pacifica

合作重点 · Priorità nella cooperazione

政策沟通 ·· 044
Coordinamento delle Politiche

设施联通 ·· 046
Interconnessione delle Infrastrutture

贸易畅通 ·····050
Commercio Senza Barriere

资金融通 ·····054
Sinergia Finanziaria

民心相通 ·····058
Comprensione tra i Popoli

"走廊"建设 · Costruzione dei "corridoi"

中蒙俄经济走廊 ·····062
Corridoio Economico Cina-Mongolia-Russia

新亚欧大陆桥 ·····066
Nuovo Ponte Terrestre Eurasiatico

中国—中亚—西亚经济走廊 ·····070
Corridoio Economico Cina-Asia Centrale-Asia Occidentale

中国—中南半岛经济走廊 ·····072
Corridoio Economico Cina-Penisola Indocinese (BCIMEC)

中巴经济走廊 ·····076
Corridoio Economico Cina-Pakistan

孟中印缅经济走廊 ·····080
Corridoio Economico Bangladesh-Cina-India-Myanmar (BCIM)

合作机制 · Meccanismi di cooperazione

上海合作组织 ························084
Organizzazione per la Cooperazione di Shanghai (SCO)

中国—东盟"10+1"机制 ················088
Meccanismo di Cooperazione "10+1" Cina-ASEAN

亚太经济合作组织 ····················090
Cooperazione Economica Asiatico-Pacifica (APEC)

亚欧会议 ···························094
Asia-Europe Meeting (ASEM)

亚洲合作对话 ·······················098
Dialogo per la Cooperazione Asiatica (ACD)

亚信会议 ···························100
Conferenza sulle Misure per il Rafforzamento dell'Interazione e della Fiducia in Asia (CICA)

中阿合作论坛 ·······················104
Forum sulla Cooperazione Cina-Stati Arabi

中国—海合会战略对话 ················106
Dialogo Strategico Cina-GCC

大湄公河次区域经济合作 ··············108
Cooperazione Economica nella Subregione del Grande Mekong

中亚区域经济合作 ···················110
Cooperazione Economica Regionale dell'Asia Centrale (CAREC)

中国—中东欧国家合作 ··················112
Cooperazione Cina-Paesi dell'Europa Centrale e Orientale

中非合作论坛 ··················114
Forum sulla Cooperazione Cina-Africa

其他国家或组织倡议·
Iniziative di altri Paesi e organizzazioni

联合国"丝绸之路复兴计划" ··················118
ONU: Programma per la Rinascita della Via della Seta

俄罗斯"欧亚联盟" ··················120
Russia: Unione Eurasiatica

哈萨克斯坦"光明之路" ··················122
Kazakistan: Iniziativa Via Luminosa

蒙古国"草原之路" ··················124
Mongolia: Via della Steppa

印度"季风计划" ··················126
India: Progetto Monsone

俄印伊"北南走廊计划" ··················128
Russia-India-Iran: Corridoio Nord-Sud

欧盟"南部能源走廊" ··················132
Unione Europea: Gasdotto del Corridoio Meridionale

美国"新丝绸之路计划" ··················134
Stati Uniti: Iniziativa della Nuova Via della Seta

韩国"丝绸之路快速铁路" ··················138
Corea del Sud: Ferrovia ad Alta Velocità sulla Via della Seta

日本"丝绸之路外交" ·················140
Giappone: Diplomazia della Via della Seta

合作案例·Esempi di cooperazione

中白工业园 ·················146
Parco Industriale Cina-Bielorussia

瓜达尔港自由区 ·················150
Zona Franca del Porto di Gwadar

科伦坡港口城 ·················152
Città Portuale di Colombo

中欧班列 ·················156
China Railway Express verso l'Europa

雅万铁路 ·················160
Ferrovia Jakarta-Bandung

中老铁路 ·················164
Ferrovia Cina-Laos

中泰铁路 ·················168
Ferrovia Cina-Thailandia

蒙内铁路 ·················172
Ferrovia a Scartamento Normale Mombasa-Nairobi

亚的斯—阿达玛高速公路 ·················174
Autostrada Addis Abeba-Adama

卡洛特水电站 ·················176
Progetto della Centrale Idroelettrica di Karot

基本概念

Concetti essenziali

"一带一路"

"一带一路"是"丝绸之路经济带"和"21世纪海上丝绸之路"的简称。2013年9月和10月，中国国家主席习近平出访中亚和东南亚时，分别提出了与相关国家共同建设"丝绸之路经济带"和"21世纪海上丝绸之路"的倡议。该倡议以实现"政策沟通、设施联通、贸易畅通、资金融通、民心相通"为主要内容，以"共商、共建、共享"为原则，实实在在地造福沿线国家和人民。"一带一路"主要涵盖东亚、东南亚、南亚、西亚、中亚和中东欧等国家和地区。"一带一路"建设符合有关各方共同利益，顺应地区和全球合作潮流，得到了沿线国家的积极响应。截止到2016年年底，已有100多个国家和国际组织表达了支持和参与"一带一路"建设的积极意愿，40多个国家和国际组织与中国签署了共建"一带一路"政府间合作协议。

"Una Cintura e Una Via"

È abbreviazione dell'iniziativa della cintura economica lungo la Via della Seta e della Via della Seta Marittima del XXI secolo. A settembre e ottobre del 2013, durante la sua visita in Asia centrale e sud-orientale, il presidente cinese Xi Jinping ha invitato i Paesi interessati a portare avanti insieme questo progetto, i cui contenuti principali sono il coordinamento delle politiche, l'interconnessione delle infrastrutture, il commercio senza barriere, la sinergia finanziaria e la comprensione tra i popoli. Poiché questa iniziativa si fonda sul principio di consultazione, co-costruzione e condivisione, potrà arrecare benefici concreti ai Paesi e ai popoli nella zona. L'iniziativa "Una cintura e una via" interessa principalmente i Paesi e le regioni dell'Asia orientale, sud-orientale, meridionale, centrale e occidentale, insieme a quelli dell'Europa centrale e orientale. La creazione della cintura economica lungo la Via della Seta e della Via della Seta Marittima del XXI secolo è in linea con gli interessi delle parti coinvolte in questa iniziativa e con la tendenza alla cooperazione a livello regionale e globale, e per questo ha incontrato la risposta positiva dei governi interessati. Alla fine del 2016, oltre cento Paesi, organizzazioni internazionali e regionali hanno manifestato il loro appoggio e la volontà di prendere parte a questo progetto; oltre 40 di loro hanno firmato degli accordi con il governo cinese.

丝绸之路经济带

2100多年前,中国汉代的张骞两次出使西域,开启了中国同中亚各国友好交往的大门,开辟出一条横贯东西、连接欧亚的丝绸之路。千百年来,在这条古老的丝绸之路上,各国人民共同谱写出千古传诵的友好篇章。为了使欧亚各国经济联系更加紧密、相互合作更加深入、发展空间更加广阔,2013年9月7日,习近平主席在哈萨克斯坦纳扎尔巴耶夫大学发表演讲时提出,用创新的合作模式,共同建设丝绸之路经济带,以点带面,从线到片,逐步形成区域大合作。丝绸之路经济带东边牵着亚太经济圈,西边系着发达的欧洲经济圈,被认为是"世界上最长、最具有发展潜力的经济大走廊"。

"一带一路"篇
UNA CINTURA E UNA VIA

Cintura Economica lungo la Via della Seta

Oltre 2100 anni fa Zhang Qian, funzionario e diplomatico della dinastia Han, dopo essere stato incaricato dall'imperatore, si recò due volte nelle nazioni a occidente della Cina. I suoi viaggi spalancarono la porta agli scambi amichevoli con diversi Paesi dell'Asia centrale e aprirono la Via della Seta che si snoda da est ad ovest, collegando l'Asia all'Europa. Per migliaia di anni, su questa antica via, diversi popoli hanno scritto insieme un capitolo di amicizia tramandato attraverso i secoli. Per ampliare e rinsaldare le relazioni economiche e di collaborazione tra i Paesi europei e asiatici, e per dare a questi un maggiore spazio di sviluppo, il 7 settembre 2013 in un discorso pronunciato all'Università Nazarbayev in Kazakistan, il presidente cinese Xi Jinping ha proposto la creazione della cintura economica lungo la Via della Seta attraverso una forma innovativa di cooperazione, cercando di ottenere esperienze positive da questo progetto, di estenderle a tutti i settori e formare progressivamente una cooperazione regionale di grandi dimensioni. La cintura economica lungo la Via della Seta pone in collegamento le economie della regione Asia-Pacifico con quelle dei Paesi sviluppati del continente europeo, dunque è considerata come un grande corridoio economico con straordinarie potenzialità di sviluppo.

21世纪海上丝绸之路

自秦汉时期开通以来,海上丝绸之路一直是沟通东西方经济文化交流的重要桥梁。东南亚地区是海上丝绸之路的重要枢纽和组成部分。在中国与东盟建立战略伙伴关系10周年之际,为了进一步加强双方的海上合作,发展双方的海洋合作伙伴关系,构建更加紧密的命运共同体,2013年10月3日,习近平主席在印度尼西亚国会发表演讲时提出,共同建设21世纪海上丝绸之路。21世纪海上丝绸之路的战略合作伙伴并不仅限于东盟,而是以点带线,以线带面,串起联通东盟、南亚、西亚、北非、欧洲等各大经济板块的市场链,发展面向南海、太平洋和印度洋的战略合作经济带。

"一带一路"篇
UNA CINTURA E UNA VIA

Via della Seta Marittima del XXI Secolo

Da quando fu aperta nel periodo delle dinastie Qin (221-206 a.C.) e Han (206 a.C.-220 d.C.), è sempre stata un ponte per gli scambi economici e culturali tra oriente e occidente, e sin dall'antichità la regione dell'Asia sud-orientale è un'importante snodo sulla Via della Seta Marittima. Per rafforzare ulteriormente la cooperazione, sviluppare un partenariato bilaterale e costituire una più salda comunità dal futuro condiviso, in occasione del 10° anniversario dell'inizio del partenariato strategico tra Cina e ASEAN, nel suo discorso pronunciato al Parlamento indonesiano il 3 ottobre 2013, il presidente cinese Xi Jinping ha invitato i Paesi interessati ad impegnarsi insieme nella creazione della Via della Seta Marittima del XXI secolo. I partner strategici in questo progetto non saranno limitati ai Paesi dell'ASEAN. Nella messa in atto di questa proposta, si cercherà di ottenere esperienze positive da estendere a tutti i settori e costituire una catena di mercati che colleghi le regioni economiche dell'ASEAN, dell'Asia settentrionale, dell'Asia occidentale, dell'Africa meridionale e dell'Europa, sviluppando zone di cooperazione strategica rivolte al Mar Cinese Meridionale, al Pacifico e all'Oceano Indiano.

丝路精神

丝绸之路不仅是商业通道,更重要的是它所承载的丝路精神。丝绸之路作为人文社会的交往平台,多民族、多种族、多宗教、多文化在此交汇融合,在长期交往过程中,各国之间形成了"团结互信、平等互利、包容互鉴、合作共赢,不同种族、不同信仰、不同文化背景的国家可以共享和平,共同发展"的丝路精神。这一精神,也是现代国际社会交往的最基本原则之一。

Spirito della Via della Seta

La Via della Seta non è solo un canale commerciale; ancora più importante è lo spirito di cui essa si fa portatrice. Questa via di comunicazione è stata una piattaforma per gli scambi tra società e culture, e ha promosso i rapporti tra diverse nazioni, etnie e religioni. In questa lunga storia di contatti si è sviluppato uno spirito della Via della Seta caratterizzato dai concetti di unità, fiducia reciproca, uguaglianza, inclusività, cooperazione, mutuo apprendimento e mutuo vantaggio. Questo spirito ha consentito a diversi popoli, religioni e a Paesi con differenti realtà culturali di condividere la pace e di svilupparsi insieme, ed è uno dei principi su cui si fondano i rapporti all'interno della moderna comunità internazionale.

丝路基金

2014年11月8日,习近平主席宣布,中国将出资400亿美元成立丝路基金。2014年12月29日,丝路基金有限责任公司在北京注册成立。丝路基金为"一带一路"沿线国基础设施建设、资源开发、产业合作等有关项目提供投融资支持。它同其他全球和区域多边开发银行的关系是相互补充而不是相互替代的。它将在现行国际经济金融秩序下运行。丝路基金绝非简单的经济援助,而是通过互联互通为相关国家的发展创造新的重大发展机遇。丝路基金是开放的,欢迎亚洲域内外的投资者积极参与。

Fondo della Via della Seta

L'8 novembre 2014, il presidente cinese Xi Jinping annunciò lo stanziamento di 40 miliardi di dollari per costituire il Fondo della Via della Seta. Il 29 dicembre 2014, la società del fondo dell'iniziativa della Via della Seta fu istituita a Beijing. Questa fornisce i finanziamenti necessari a sostenere i progetti per la costruzione d'infrastrutture, per lo sfruttamento delle risorse e la cooperazione industriale dei Paesi lungo la cintura economica della Via della Seta e la nuova Via della Seta Marittima. Il suo rapporto con le altre banche multilaterali di sviluppo, globali e regionali, è complementare e non alternativo. Il fondo, che funzionerà nell'attuale ordine economico e finanziario internazionale, non costituisce un mero aiuto economico ma offrirà ai Paesi interessati nuove e significative opportunità di sviluppo attraverso la sua idea di connettività. Il fondo della Via della Seta è aperto e accoglie la partecipazione attiva d'investitori provenienti dall'Asia e dal resto del mondo.

亚洲基础设施投资银行

2013年10月,中国国家主席习近平提出了筹建亚洲基础设施投资银行(简称亚投行)的倡议。在历经800余天筹备后,由中国倡议成立、57国共同筹建的亚投行于2015年12月25日在北京宣告成立。2016年1月16日,亚投行举行了开业仪式,习近平主席出席并致辞。亚投行是一个政府间性质的区域多边开发机构,重点支持基础设施建设,这是首个由中国倡议设立的多边金融机构。截止到2017年3月底,共有70个成员,总成员数仅次于世界银行,涵盖了西方七国集团中的5个、二十国集团中的15个和联合国安理会常任理事国中的4个。亚投行初期投资重点领域包括能源与电力、交通和电信、农村和农业基础设施、供水与污水处理、环境保护、城市发展以及物流等,首批贷款计划已于2016年6月获准。

Banca Asiatica d'Investimento per le Infrastrutture

La proposta d'istituire la Banca Asiatica d'Investimento per le Infrastrutture (AIIB) è stata avanzata dal presidente cinese Xi Jinping nell'ottobre del 2013. Dopo oltre 800 giorni di preparazione, la banca è stata fondata ufficialmente a Beijing il 25 dicembre 2015 su iniziativa della Cina e con la partecipazione di 57 Paesi. Il 16 gennaio 2016 è stata tenuta la cerimonia di apertura durante la quale è intervenuto il capo di Stato cinese Xi Jinping. Si tratta di un'istituzione aperta, intergovernativa e multilaterale per favorire lo sviluppo, e primo istituto finanziario fondato su iniziativa cinese. Alla fine di marzo 2017 la Banca Asiatica d'Investimento per le Infrastrutture è arrivata a contare 70 membri, numero inferiore solo a quello della Banca Mondiale. Di questi, 5 sono membri del G7, 15 fanno parte del G20 e 4 sono membri permanenti del Consiglio di Sicurezza dell'ONU. Inizialmente la AIIB investirà in settori chiave tra cui quello energetico e della produzione elettrica, dei trasporti e delle telecomunicazioni, delle infrastrutture rurali e agricole, dell'approvvigionamento idrico, del trattamento delle acque reflue, della tutela ambientale, dello sviluppo urbano e della logistica. Il primo programma di finanziamento è stato approvato a giugno 2016.

推进"一带一路"建设工作领导小组

"一带一路"建设是一项宏大系统工程,仅在中国国内,它所涉及的政府机构、企业和社会组织就非常广泛,"一带一路"建设的很多项目跨越时间也很长,因此需要加强组织和领导,统筹做好各方面的工作。为此,中国政府专门成立了推进"一带一路"建设工作领导小组,负责审议"一带一路"建设工作的重大规划、政策、项目和相关问题,指导和协调落实"一带一路"合作倡议。该领导小组组长由中共中央政治局常委、国务院副总理张高丽担任。外交部、商务部等是该小组的成员单位。该小组办公室设在国家发展改革委员会,具体承担领导小组日常工作。此外,在中国的相关部委和省(自治区、直辖市)政府层面,也成立了推进"一带一路"建设工作领导小组,一般是由相关部委和省(自治区、直辖市)主要领导担任负责人。

Gruppo Direttivo per l'Avanzamento dell'Iniziativa "Una Cintura e Una Via"

L'iniziativa "Una cintura e una via" è una grande opera d'ingegneria e coinvolge - solo in Cina - molti organi governativi, imprese e organizzazioni sociali con molti progetti a lungo termine, per cui necessita di un'organizzazione solida e di una direzione per coordinare i vari aspetti del lavoro. A questo proposito, il governo cinese ha appositamente istituito il Gruppo Direttivo per l'Avanzamento dell'Iniziativa "Una Cintura e Una Via" che ha la responsabilità di esaminare i piani, le politiche e gli altri problemi di massima importanza relativi a questo progetto, guidandolo e coordinandolo nella sua attuazione pratica. Al momento, Zhang Gaoli, membro del Comitato Permanente dell'Ufficio Politico del Comitato Centrale del Partito Comunista Cinese e vice primo ministro del Consiglio di Stato è a capo del gruppo che ha il suo ufficio presso il Comitato Statale per lo Sviluppo e la Riforma, responsabile del lavoro quotidiano, e che include anche il ministero degli Affari Esteri e il ministero del Commercio. Inoltre, gli altri ministeri e governi delle province, delle regioni autonome e delle città dipendenti direttamente dal governo centrale e interessate dal progetto, hanno istituito un proprio gruppo direttivo per l'avanzamento dell'iniziativa "Una cintura e una via", il cui responsabile è scelto generalmente tra queste istituzioni.

《推动共建丝绸之路经济带和21世纪海上丝绸之路的愿景与行动》

2015年3月28日,《推动共建丝绸之路经济带和21世纪海上丝绸之路的愿景与行动》白皮书在博鳌亚洲论坛上正式发布。这份官方文件得到国务院授权,由国家发展改革委员会、外交部和商务部共同编写。该文件简明扼要地阐述了"一带一路"倡议的背景、原则、框架思想、合作重点与机制等。文件强调,"一带一路"建设坚持共商、共建、共享原则,以实现"政策沟通、设施联通、贸易畅通、资金融通、民心相通"为主要内容。"一带一路"建设始终秉持开放包容、互利共赢的理念,不是中国一家独奏,而是沿线国家的大合唱。此外,该白皮书还就中国新疆、福建等相关省份在"一带一路"建设中的角色定位进行了介绍。这份文件在制定过程中,充分听取了"一带一路"沿线国家和相关国际组织的建议,也吸收了中国国内各界人士的意见,是集

《Costruzione Congiunta della Cintura Economica della Via della Seta e della Via della Seta Marittima del XXI Secolo - Visione e Azioni》

  Questo documento è stato pubblicato il 28 marzo 2015 durante il Forum Asiatico di Bo'ao in forma di libro bianco, con l'autorizzazione del Consiglio di Stato Cinese. Redatto congiuntamente dalla Commissione Statale per lo Sviluppo e la Riforma, dal ministero degli Affari Esteri e dal ministero del Commercio, il documento descrive in modo conciso il contesto, i principi, le linee guida, le priorità e i meccanismi di cooperazione nel quadro dell'iniziativa "Una cintura e una via". Il libro bianco sottolinea che questo progetto è in linea con i principi di consultazione, co-costruzione e condivisione, e ha come scopi principali il coordinamento delle politiche, l'interconnessione delle infrastrutture, il commercio senza barriere, la sinergia finanziaria e la comprensione tra i popoli. L'iniziativa "Una cintura e una via" sostiene da sempre l'idea di apertura, inclusività e mutuo vantaggio; non è un "assolo" suonato dalla Cina, ma un lavoro di concerto con i tutti i Paesi interessati. Inoltre, questo testo tratta il tema della posizione e del ruolo della regione Autonoma del Xinjiang Uygur, della provincia del Fujian e di altre regioni e province toccate dal passaggio della "cintura" e della "via". Nel processo di compilazione del documento sono state ascoltate le proposte di Paesi e organizzazioni internazionali e sono state inserite le opinioni di personalità ed esperti

聚各方智慧的成果。当然,这份白皮书仅是针对"一带一路"提出了方向性、框架性、意向性的设计,未来中国还将与"一带一路"的相关参与方进一步完善和细化。

cinesi, dunque questo risulta essere un condensato delle conoscenze di tutte le parti coinvolte. Chiaramente, il documento descrive in modo generale gli intenti e la direzione del progetto, che la Cina continuerà a perfezionare insieme a tutti i partecipanti.

"五通"

2013年9月7日，习近平主席在哈萨克斯坦纳扎尔巴耶夫大学发表演讲，首次提出加强"政策沟通、道路联通、贸易畅通、货币流通、民心相通"，共同建设"丝绸之路经济带"的战略倡议。2015年3月28日，中国政府在博鳌亚洲论坛2015年年会期间正式发布《推动共建丝绸之路经济带和21世纪海上丝绸之路的愿景与行动》，提出要以"政策沟通、设施联通、贸易畅通、资金融通、民心相通"（简称"五通"）为主要内容，打造"一带一路"沿线国家政治互信、经济融合、文化互容的利益共同体、责任共同体和命运共同体。在"一带一路"建设全面推进过程中，"五通"既相互独立，在不同时间阶段各有重点，也是统一整体，需要相互促进，不可分割。

"一带一路"篇
UNA CINTURA E UNA VIA

"Cinque Connettività"

Il 7 settembre 2013 all'Università Nazarbayev in Kazakistan, il presidente cinese Xi Jinping ha pronunciato un discorso durante il quale ha per la prima volta proposto l'idea di rafforzare il coordinamento delle politiche, l'interconnessione delle infrastrutture, il commercio senza barriere, la sinergia finanziaria e la comprensione tra i popoli, e di costituire insieme la cintura economica lungo la Via della Seta. Durante la riunione annuale 2015 del Forum Asiatico di Bo'ao, il governo cinese ha pubblicato il libro bianco 《Costruzione Congiunta della Cintura Economica della Via della Seta e della Via della Seta Marittima del XXI Secolo – Visione e Azioni》proponendo di creare con i Paesi coinvolti in questo progetto una comunità dagli interessi e dal futuro condiviso, dalle uguali responsabilità, basata sulla mutua fiducia politica, sull'integrazione economica e sulla reciproca inclusione culturale. Secondo quanto affermato nel libro bianco, questa comunità deve porre al centro "il coordinamento delle politiche, l'interconnessione delle infrastrutture, il commercio senza barriere, la sinergia finanziaria e la comprensione tra i popoli." Nel processo di avanzamento dell'iniziativa "Una cintura e una via", le "cinque connettività" sono indipendenti l'una dall'altra e in diversi momenti presentano le proprie priorità, tuttavia costituiscono un tutt'uno inseparabile e necessitano di promuoversi reciprocamente.

建设目标

Obiettivi dell'iniziativa

利益共同体

"一带一路"沿线国家的总人口约44亿,经济总量约21万亿美元,分别占世界的63%和29%。受资源禀赋、产业基础、历史条件等因素的制约,各国之间发展不平衡,而且大部分为发展中国家。"一带一路"贯穿欧亚非大陆,东牵发展势头强劲的东亚经济圈,西连发达的欧洲北美经济圈,有望建成世界跨度最大、最具活力、发展前景看好的经济走廊,形成沿线国家经济利益对接整合的格局,"一带一路"建设旨在激发沿线各国发挥比较优势,将经济互补性转化为发展推动力。通过沿线国家的互联互通和贸易投资便利化等深度国际经济合作,打造世界经济新的增长极,最终实现互利共赢。

"一带一路"篇
UNA CINTURA E UNA VIA

Comunità dagli Interessi Condivisi

I Paesi lungo la "cintura" e la "via" ospitano circa 4,4 miliardi di persone, il 63% della popolazione mondiale, e il loro aggregato economico ammonta a 21000 miliardi di dollari, il 29% del totale a livello globale. Caratterizzati da una differente distribuzione delle risorse, da una diversa base industriale e da differenti condizioni storiche, questi Paesi - la cui gran parte è in via di sviluppo - presentano un livello di crescita diseguale. Gli itinerari di "Una cintura e una via" attraversano l'Europa e l'Asia; in particolare collegano le economie dell'Asia orientale, che presentano una forte tendenza alla crescita, con quelle già sviluppate di Europa e Nord America. Si prevede dunque che l'iniziativa "Una cintura e una via" darà vita al maggiore e più dinamico corridoio economico al mondo con ampie prospettive di sviluppo, dove s'incontreranno e s'integreranno gli interessi economici di vari Paesi. "Una cintura e una via" mira alla realizzazione di vantaggi comparati, alla trasformazione delle complementarità economiche in forza motrice di sviluppo e alla creazione di nuove fonti per alimentare la crescita dell'economia mondiale. Questo potrà essere concretizzato attraverso l'interconnessione, la facilitazione del commercio e degli investimenti e altre forme di cooperazione, usate a vantaggio di tutti.

责任共同体

"一带一路"倡议由中国提出,但需要沿线国家和相关国家共同参与建设。在推动落实倡议的过程中,相关各方会有不同侧重的利益考虑,也会遇到各种难以预料的问题,这就需要大家集思广益。各国须携手应对面临的挑战,合力化解存在的威胁,共同承担产生的责任。当然,由于各国参与的深度和方式有所不同,承担的责任也不尽相同。中国领导人多次表态,"一带一路"建设不是中国的后花园,而是百花园;不是中国的独奏曲,而是各方的协奏曲。作为倡议方,中国会诚心诚意对待沿线国家,做到言必信、行必果,承担起应尽的责任。

Comunità dalle Responsabilità Condivise

Nonostante l'iniziativa "Una cintura e una via" sia stata proposta dalla Cina, la partecipazione degli altri Paesi che si trovano lungo le rotte di questo progetto è indispensabile alla sua realizzazione. Interessi nazionali e priorità divergenti, insieme ad eventi imprevisti, possono costituire sfide difficili, dunque una solida base comune per le consultazioni risulta essenziale. Solamente attraverso sforzi congiunti e responsabilità condivise ogni minaccia al progredire dell'iniziativa potrà essere neutralizzata. Da questa prospettiva si è concordato che le responsabilità potranno variare in base al differente livello di partecipazione.

La leadership cinese ha ripetutamente affermato che "Una cintura e una via" è un'impresa condivisa da molti, e che la creazione di questa rete di rapporti è un impegno di collaborazione e non un'azione solitaria della Cina.

In qualità di Paese ideatore dell'iniziativa, la Cina è desiderosa e pronta ad agire in buona fede nei confronti dei suoi partner, ad onorare i suoi impegni e ad assumersi le sue responsabilità.

命运共同体

在党的十八大报告中,"命运共同体"作为一种促进中国与世界实现合作共赢关系的理念被明确提出。此后,"命运共同体"逐渐成为中国外交的核心理念之一,也是"一带一路"建设的重要目标。"命运共同体"强调整体思维,推崇共生共荣的关系,追求持久和平和共同繁荣。一个国家的命运要掌握在本国人民手中,世界的前途命运必须由各国共同掌握,各国在追求本国利益时兼顾别国利益,在追求自身发展时兼顾别国发展。"一带一路"建设背后体现的正是这种"命运共同体"思想。通过"一带一路"构建命运共同体,需要建立在利益共同体和责任共同体的基础之上。一方面,要在经贸和投资领域不断扩大利益交汇点,把经济的互补性转化为发

"一带一路"篇
UNA CINTURA E UNA VIA

Comunità dal Futuro Condiviso

L'idea di costituire una comunità dal futuro condiviso è stata discussa per la prima volta nel corso del 18esimo Congresso Nazionale del Partito Comunista Cinese nel 2012, ed è considerata come il contributo offerto dalla Cina al mondo per perseguire i risultati del mutuo vantaggio. Da allora quest'idea è divenuta un elemento fondante della politica diplomatica cinese e l'obiettivo di maggiore rilevanza nel quadro dell'iniziativa "Una cintura e una via". Il concetto di comunità dal futuro condiviso enfatizza le virtù del pensiero olistico, degli ideali cosmopoliti, di una pace duratura e di una prosperità condivisa. Il destino di un Paese dovrebbe essere posto nelle mani del suo popolo, il futuro del mondo dev'essere deciso da tutti i popoli, e gli interessi nazionali devono essere perseguiti tenendo a mente le esigenze degli altri Paesi. La messa in atto di ogni strategia di sviluppo a livello nazionale dev'essere accompagnata da una considerazione attenta ai bisogni degli altri. Sottolineare l'importanza dell'iniziativa "Una cintura e una via" vuol dire comprendere che tutti viviamo nello stesso mondo e che una comunità dal futuro condiviso può essere creata solo sulla base d'interessi e responsabilità condivise. Gli sforzi compiuti in questo senso devono essere diretti all'allargamento della cooperazione nel campo del commercio e degli investimenti, dove c'è convergenza di interessi, e trasformare la complementarietà economica in energia per

展的互助力;一方面,各国需要共同担负解决国际性难题的责任,共同打造互利共赢的合作架构。

lo sviluppo. I Paesi dovrebbero imparare a tenersi per mano, affrontando insieme le difficili sfide internazionali e creando un contesto di collaborazione a beneficio di tutti.

绿色丝绸之路

环境问题是人类社会面临的共同问题。2016年6月22日,习近平主席在乌兹别克斯坦最高会议立法院发表演讲时指出,要着力深化环保合作,践行绿色发展理念,加大生态环境保护力度,携手打造绿色丝绸之路。此前中国公布的《推动共建丝绸之路经济带和21世纪海上丝绸之路的愿景与行动》也明确提出,强化基础设施绿色低碳化建设和运营管理,在建设中充分考虑气候变化影响,在投资贸易中突出生态文明理念,加强生态环境、生物多样性和应对气候变化合作,共建绿色丝绸之路。绿色丝绸之路体现了可持续发展的理念,它要求在"一带一路"建设中秉承绿色和环保理念,正确处理经济增长和环境保护的关系,充分考虑沿线国家的生态承载能力,共建一个良好的生态环境。"一带一路"建

Via della Seta Ecologica

La protezione dell'ambiente ecologico è una questione urgente per tutta l'umanità. Nel suo intervento alla Camera dei deputati del Parlamento dell'Uzbekistan il 22 giugno 2016, il presidente Xi Jinping ha parlato della necessità di cooperare per proteggere l'ambiente e costruire una Via della Seta ecologica. Quest'idea è stata precedentemente introdotta dal governo cinese nel libro bianco 《Costruzione Congiunta della Cintura Economica della Via della Seta e della Via della Seta Marittima del XXI Secolo – Visione e Azioni》 che sottolinea l'importanza di un approccio ecologico e a basse emissioni di carbonio per la costruzione e il funzionamento delle infrastrutture, tenendo in piena considerazione l'imperativo di contenere gli effetti del cambiamento climatico. Tutto questo incoraggia sforzi congiunti nel costruire una Via della Seta ecologica inserendo il concetto di rispetto dell'ambiente all'interno delle strategie commerciali e d'investimento, e collaborando nella protezione della biodiversità per rispondere ai cambiamenti climatici. Per contribuire concretamente allo sviluppo sostenibile, il progetto di Via della Seta ecologica richiede un attento bilanciamento tra crescita economica e protezione dell'ambiente, con un occhio anche alla capacità portante dell'ambiente ecologico di ciascun Paese. Tra i diversi altri aspetti la protezione ecologica, la prevenzione e il controllo della desertificazione insieme all'impiego

设已将生态环保、防沙治沙、清洁能源等列为重点发展产业，绿色丝绸之路面临发展良机。

di energie pulite sono già presenti in modo preminente nella pianificazione strategica dell'iniziativa. Con queste premesse le prospettive di sviluppo di una "cintura" e di una "via" ecologiche appaiono luminose.

健康丝绸之路

推进全球卫生事业，是落实 2030 年可持续发展议程的重要组成部分。2016 年 6 月 22 日，习近平主席在乌兹别克斯坦最高会议立法院发表演讲时提议，着力深化医疗卫生合作，加强在传染病疫情通报、疾病防控、医疗救援、传统医药领域互利合作，携手打造健康丝绸之路。2017 年 1 月 18 日，中国政府与世界卫生组织签署了双方关于"一带一路"卫生领域合作的谅解备忘录。健康丝绸之路的主要目标是提高"一带一路"沿线国家整体的健康卫生水平。主要措施包括：沿线国家加强在卫生体制政策、卫生领域相关国际标准和规范的磋商和沟通，加强重点传染病防控合作，加强人员培训，推动更多中国生产的医药产品进入国际市场，使质优价廉的中国医药产品造福"一带一路"国家人民，等等。

Via della Seta della Salute

La promozione della salute in tutto il mondo costituisce una parte rilevante dell'attuazione dell'Agenda 2030 per lo Sviluppo Sostenibile. Il 22 giugno 2016, rivolgendosi alla camera dei deputati del parlamento uzbeko, il presidente cinese Xi Jinping ha pronunciato un discorso in cui ha proposto maggiore impegno per ampliare la cooperazione in campo sanitario per prevenire, controllare e contrastare le malattie infettive, lavorando insieme alla creazione di una Via della Seta della Salute. Il 18 gennaio 2017 il governo cinese e l'organizzazione Mondiale della Sanità hanno firmato un memorandum d'intesa sulla cooperazione in materia sanitaria nel quadro dell'iniziativa "Una cintura e una via". La Via della Seta della salute si propone lo scopo di migliorare la salute pubblica nei Paesi che aderiscono a questo progetto attraverso misure importanti tra cui consultazioni e scambi su questioni relative alla politica della salute, alla creazione d'istituzioni, alla definizione di norme e standard a livello internazionale, al rafforzamento della collaborazione nella profilassi delle malattie e alla formazione delle competenze. Inoltre saranno compiuti degli sforzi per facilitare l'accesso globale ai prodotti farmaceutici fabbricati in Cina, sia di fascia economica che di alta qualità.

智力丝绸之路

推进"一带一路"战略,人才是关键。2016年6月20日,习近平主席在华沙出席丝路国际论坛时提出,智力先行,强化智库的支撑引领作用。加强对"一带一路"建设方案和路径的研究,在规划对接、政策协调、机制设计上做好政府的参谋和助手,在理念传播、政策解读、民意通达上做好桥梁和纽带。两天后的6月22日,他在乌兹别克斯坦最高会议立法院发表演讲时明确提出,中方倡议成立"一带一路"职业技术合作联盟,培养培训各类专业人才,携手打造智力丝绸之路。智力丝绸之路的主要目标是推进沿线国家人才培养和智力交流。"一带一路"沿线国家人才短缺的问题不同程度地存在。在"一带一路"建设推进过程中,也会面临很多新问题、新挑战,更需要越来越多的智力和人才支持,需要各方相互学习、取长补短,共同提出解决方案。

"一带一路"篇
UNA CINTURA E UNA VIA

Via della Seta verso la Scienza e la Tecnologia

La gestione dei talenti è la chiave per mettere in atto in modo efficace l'iniziativa "Una cintura e una via". Al forum sulla Via della Seta tenuto a Varsavia il 20 giugno 2016, il presidente Xi Jinping ha enfatizzato il ruolo fondamentale giocato dallo sviluppo dei talenti, considerandolo importante per la promozione della ricerca, per raggiungere gli obiettivi dell'iniziativa, per creare informazione e prendere decisioni con uno sguardo alla pianificazione e all'allineamento strategico, al coordinamento delle politiche, e alla progettazione dei meccanismi. È inoltre di cruciale importanza una diffusione efficace delle informazioni sui principi che guidano questa iniziativa insieme all'implementazione delle politiche per rispondere alle esigenze dei cittadini. Rivolgendosi alla camera dei deputati del Parlamento uzebeko il 22 giugno 2016, Xi Jinping ha proposto di costituire un'alleanza per la cooperazione tecnica nel quadro dell'iniziativa "Una cintura e una via" per facilitare la formazione e lo sviluppo dei talenti in accordo all'obiettivo della Via della Seta, insieme allo scambio di competenze per rispondere alla mancanza di personale specializzato nei Paesi coinvolti nel progetto. Ogni nuovo progresso nel mettere in atto questa iniziativa sarà con certezza accompagnato da nuove sfide, che dovranno essere superate con risorse intellettuali e competenza. Dunque, per questo motivo è vitale per i vari Paesi imparare l'uno dall'altro e trovare insieme delle soluzioni ai problemi.

和平丝绸之路

"一带一路"沿线,尤其是丝绸之路经济带沿线,面临较为严重的恐怖主义、分裂主义和极端主义威胁,部分国家之间的关系较为紧张,时常伴有局部冲突,也有部分国家内部政局不稳。因此,破解地区动荡局势,维护地区和平稳定,对于"一带一路"建设至关重要。2016年6月22日,习近平主席在乌兹别克斯坦最高会议立法院发表演讲时提出,着力深化安保合作,践行共同、综合、合作、可持续的亚洲安全观,推动构建具有亚洲特色的安全治理模式,携手打造和平丝绸之路。和平丝绸之路包含两个基本内涵:一是"一带一路"建设必须在相对和平的环境里进行;二是"一带一路"建设能促进地区和平稳定。以发展促和平促安全,这是中国提出的思路,也是被实践证明很有成效的办法。

Via della Seta Pacifica

Serie minacce terroristiche, secessioniste ed estremiste incombono su tutto il percorso della "cintura" e della "via", in modo particolare lungo la Via della Seta. Esistono inoltre tensioni tra alcuni dei Paesi lungo le rotte di comunicazione, e che danno origine ad occasionali conflitti locali, mentre altri sono soggetti a condizioni d'instabilità interna. Per fare in modo che l'iniziativa "Una cintura e una via" riesca ad essere portata avanti, sarà fondamentale trovare una soluzione alle turbolenze politiche, mantenendo la pace e la stabilità a livello regionale. Nel suo discorso alla camera dei deputati del Parlamento dell'Uzbekistan il 22 giugno 2016, il presidente Xi Jinping, ha rivolto un appello per rafforzare la cooperazione e promuovere con urgenza un nuovo concetto di sicurezza in Asia, che enfatizzi la necessità di adottare misure concertate e comprensive per favorire una sicurezza sostenibile e con caratteristiche asiatiche, in sostanza, costruire insieme una Via della Seta pacifica. Questo progetto si appoggia su due pilastri complementari: relativa stabilità dell'ambiente politico e sociale, indispensabile per portare avanti l'iniziativa "Una cintura e una via", e sforzi concentrati per costruire una rete commerciale che contribuisca alla pace e alla stabilità regionale. La Cina ritiene che questo sviluppo possa promuovere la pace e la sicurezza, ed è una convinzione confermata dall'esperienza.

合作重点

Priorità nella cooperazione

政策沟通

政策沟通是"一带一路"建设的重要保障。政策沟通的基本含义是：在深化利益融合、促进政治互信并达成合作新共识的前提下，本着求同存异的原则，沿线各国积极构建政府间宏观政策沟通的交流机制，就经济发展战略和对策进行充分交流对接，共同制定推进区域合作的规划和措施，协商解决合作中的问题，共同为务实合作及大型项目实施提供政策支持，从而形成趋向一致的战略、决策、政策和规则，结成更为巩固的命运共同体。

Coordinamento delle Politiche

Il coordinamento delle politiche è la chiave per mettere in atto in modo efficace l'iniziativa "Una cintura e una via". Per allargare gli interessi condivisi e rafforzare la fiducia reciproca in vista di cooperazioni future, è importante che i Paesi lungo la "cintura" e la "via" lavorino ad una visione comune mettendo da parte le differenze, rafforzando la comunicazione intergovernativa sulle politiche macroeconomiche e sulle strategie di sviluppo per meglio allineare le priorità a livello nazionale con le necessità della regione e con gli obiettivi comuni. Le questioni relative alla cooperazione e alle sfide dovrebbero essere affrontare attraverso la consultazione, e l'appoggio della politica è necessario per promuovere la messa in atto dei vari progetti su larga scala. Sforzi comuni dovranno essere compiuti per armonizzare le strategie, i processi decisionali, le politiche e i regolamenti, e creare così una più solida comunità dal futuro condiviso.

设施联通

基础设施互联互通是"一带一路"建设的优先领域。在尊重相关国家主权和安全关切的基础上,推动沿线各国加强基础设施建设规划、技术标准体系的对接,共同推进国际骨干通道建设,逐步形成连接亚洲各区域以及亚欧非之间的基础设施网络。在推进设施联通过程中,还特别强调基础设施的绿色低碳化建设和运营管理,充分考虑气候变化影响。它既包括传统的公路、铁路、航空、航运、管道等的联通,也包括电力、电信、邮政、边防、海关和质检、规划等新领域的联通,从而将活跃的东亚

Interconnessione delle Infrastrutture

Questa costituisce un'area di priorità nel quadro dell'iniziativa "Una cintura e una via". Inoltre, per favorire un più stretto allineamento dei piani di sviluppo per le infrastrutture e degli standard tecnici è indispensabile il rispetto per la sovranità e per le preoccupazioni che ogni Paese nutre sulla sua sicurezza. Questo faciliterà la costruzione d'importanti arterie internazionali e di una rete d'infrastrutture che non solo collegherà tutte le subregioni dell'Asia ma che sarà in grado di estendersi anche all'Europa e all'Africa. È inoltre essenziale il bisogno di promuovere un approccio ecologico e a basse emissioni di carbonio per costruire e far funzionare le infrastrutture, tenendo conto di ogni aspetto che potrebbe influire sul cambiamento climatico.

Piuttosto che essere confinata nel tradizionale concetto di connessione attraverso autostrade, rotte aeree, marittime, gasdotti e oleodotti, questa nuova nozione di connettività sarà estesa e pianificherà l'integrazione di diversi settori come quello della fornitura energetica, delle telecomunicazioni, dei servizi postali, del controllo delle frontiere, delle dogane, e dei controlli della qualità. Sforzi per rafforzare la connettività hanno lo scopo di mettere in contatto il vibrante continente asiatico con le economie sviluppate dell'Europa occidentale, rivolgendosi anche agli altri Paesi che si trovano nel mezzo, liberando un grande potenziale di sviluppo economico. Dunque, attraverso la

经济圈、发达的欧洲经济圈和经济发展潜力巨大的中间广大腹地国家结成携手发展的利益共同体。

connessione dei loro interessi tutti i Paesi coinvolti nel progetto saranno incoraggiati a collaborare in visione di una prosperità condivisa.

贸易畅通

贸易畅通是"一带一路"建设的重点内容，旨在激发释放沿线国家的合作潜力，做大做好合作"蛋糕"。采取的措施主要包括：沿线国家共同建设自由贸易网络体系，消除投资和贸易壁垒，促进贸易和投资便利化；共同商建自由贸易区，构建区域内和各国良好的营商环境，激发释放合作潜力；共同提高技术性贸易措施透明度，降低非关税壁垒，提高贸易自由化便利化水平；共同拓宽贸易领域，优化贸易结构，挖掘贸易新增长点，促进贸易平衡；把投资和贸易有机结合起来，以投资带动贸易发展，在投资贸易中突出生态文明理念，加强生态环境、生物多样性和应对气候变化合作，共建绿色丝绸之路；共同优化产业链、价值链、供应链和服务链，促进沿线国家和地区产业互补、互动与互助；共同探索

Commercio Senza Barriere

Rimuovere le barriere al commercio e rilasciare il potenziale di una più grande cooperazione tra i Paesi coinvolti in questo progetto è un grande compito che si prefigge l'iniziativa "Una cintura e una via". I Paesi e le regioni lungo la "cintura" e la "via" saranno chiamati a prendere misure di questo tipo:

- Creare meccanismi per facilitare il libero commercio e rimuovere le barriere agli investimenti;
- Aprire aree dedicate al libero scambio per creare condizioni favorevoli alle imprese a livello regionale e nazionale, e rafforzare le potenzialità di cooperazione;
- Innalzare il livello di trasparenza delle misure tecniche e ridurre le barriere non tariffarie per liberalizzare e facilitare il commercio;
- Espandere le zone dedicate al commercio e migliorarne la struttura, esplorando nuove aree di crescita per raggiungere l'equilibrio commerciale;
- Integrare gli investimenti con il commercio, e rafforzare il commercio con gli investimenti;
- Evidenziare la difesa dell'ambiente ecologico, ponendo la questione del cambiamento climatico all'interno delle strategie commerciali e degli investimenti, in uno sforzo congiunto per creare una Via della Seta ecologica;
- Ottimizzare le catene dell'industria, del valore, dell'approvvigionamento e dei servizi, e promuovere la

新的开放开发之路,形成互利共赢、多元平衡、安全高效的开放型经济体系。

complementarietà economica, l'interazione e la mutua assistenza tra Paesi e regioni coinvolte nel progetto;

• Esplorare nuove opportunità di sviluppo e creare un ambiente economico aperto che incoraggi la ricerca di soluzioni dirette al mutuo vantaggio, e che rispettino le diversità, rafforzino la sicurezza e promuovano l'efficienza.

资金融通

资金融通是"一带一路"建设的重要支撑。主要举措包括：沿线国家深化金融合作，推进亚洲货币稳定体系、投融资体系和信用体系建设，通过提供更多惠及各方的公共金融产品，推动金融系统化；共同推进亚洲基础设施投资银行、金砖国家开发银行筹建，加快丝路基金组建运营，发挥丝路基金以及各国主权基金在"一带一路"重点项目建设中的资金引导作用；扩大沿线国家双边本币结算和货币互换的范围和规模，推动亚洲债券市场的开放和发展，支持沿线国家政府和信用等级较高的企业及金融机构在中国境内发行人民币债券，符合条件的中国境内金融机构和企业可以在境外发行人民币债券和外币债券，发挥各国融资作用；深化银行联合体务实合作，以银团贷款、银行授信等方式开展多边金融合作，引导商业股权投资基金和社会资金参与"一带一路"

Sinergia Finanziaria

La sinergia finanziaria costituisce un importante supporto all'iniziativa "Una cintura e una via", e queste sono le misure chiave che i Paesi coinvolti nell'iniziativa potranno adottare per favorirla:

• Accrescere la cooperazione in campo finanziario per assicurare la stabilità valutaria in Asia, dove sarà necessario costruire un solido contesto per gli investimenti, per la finanza e per i servizi di credito, espandendo la disponibilità dei prodotti finanziari pubblici;

• Rafforzare il ruolo della Banca asiatica per gli investimenti, della nuova Banca di sviluppo dei Paesi BRICS, del Fondo della Via della Seta e dei fondi sovrani dei Paesi coinvolti in progetti chiave;

• Espandere le operazioni in valuta locale nel commercio bilaterale e promuovere l'apertura e lo sviluppo del mercato dei bond in Asia. Quest'ultimo aspetto dev'essere condotto a supporto dell'emissione di bond in RMB da parte del governo cinese, delle società meritevoli di credito e delle istituzioni finanziarie degli altri Paesi lungo la "cintura" e la "via", e all'emissione di bond denominati in RMB o in valuta estera da compagnie cinesi e da istituzioni finanziarie fuori dalla Cina;

• Facilitare la cooperazione interbancaria e multilaterale, specialmente per l'erogazione di prestiti sindacati e affidamenti bancari, e gli investimenti in progetti chiave da parte di

重点项目共建；加强金融监管合作，完善风险应对和危机处置的制度安排，构建区域性金融风险预警系统，形成应对跨境风险和危机处置的交流合作机制，助推经贸合作深化发展。

altre compagnie e individui attraverso fondi private equity;

• Ampliare la cooperazione sulla regolamentazione finanziaria, migliorare la risposta alle emergenze e i meccanismi di gestione delle crisi, costituendo un sistema finanziario e regionale di allarme rapido in grado di segnalare rischi transfrontalieri e promuovere così una più stretta collaborazione in campo economico e commerciale.

民心相通

民心相通是"一带一路"建设的社会根基。作为一项沟通多元文化和众多国家的重大战略构想,"一带一路"能否成功,从根本上取决于民心能否相通,直接体现在沿线国家人民的获得感、认可度和参与度上。为此,沿线各国要传承和弘扬丝绸之路友好合作精神,广泛开展文化交流、学术往来、人才交流、媒体合作、科技合作、青年和妇女交往、志愿者服务等领域的务实合作,增进相互了解和传统友谊,为深化双边和多边合作奠定坚实的民意基础。具体措施包括:加强沿线国家民间组织的交流合作,充分发挥政党、议会交往的桥梁作用,推动沿线国家智库之间开展联合研究、合作举办论坛,加强文化传媒的国际交流合作,促进不同文明和宗教之间的交流对话,等等。

Comprensione tra i Popoli

La comprensione tra popoli fornisce un'ancora all'iniziativa "Una cintura e una via" senza la quale l'obiettivo strategico di connettere differenti culture e Paesi sarebbe fuori portata. Maggiore interazione e comprensione reciproca, consapevolezza dei potenziali benefici arrecati da una più larga cooperazione e un maggiore grado di partecipazione sono indispensabili al successo di questo progetto. In sintonia con la tradizione della Via della Seta, e per rafforzare il supporto dell'opinione pubblica nei confronti di quest'iniziativa, i Paesi lungo la "cintura" e la "via" sono incoraggiati a fare un passo avanti nella cooperazione e a promuovere più ampi scambi in ambito culturale, accademico, scientifico, dei media e del personale, compresi anche quelli tra giovani, donne e gruppi di volontari.

Sarà possibile includere misure specifiche di questo tipo:

• Maggiore impulso ai rapporti tra organizzazioni non governative;

• Rafforzamento del ruolo dei partiti politici e dei parlamenti nel promuovere l'interazione a livello bilaterale e multilaterale;

• Incoraggiare la collaborazione tra i think-tank per condurre ricerche e forum su temi d'interesse comune;

• Ampliamento della base per il dialogo tra civiltà e religioni attraverso la promozione di più stretti rapporti tra organizzazioni culturali e dei media.

"走廊"建设

Costruzione dei "corridoi"

中蒙俄经济走廊

2014 年 9 月 11 日，习近平主席在塔吉克斯坦首都杜尚别举行的首次中蒙俄三国元首会晤期间，提出打造中蒙俄经济走廊的倡议，获得普京总统和额勒贝格道尔吉总统的积极响应。2016 年 6 月 23 日，三国正式签署《建设中蒙俄经济走廊规划纲要》，这是"一带一路"倡议下的第一个多边合作规划纲要。中蒙俄经济走廊是丝绸之路经济带的重要组成部分，旨在推动"一带一路"倡议同俄罗斯的"欧亚联盟"倡议、蒙古国的"草原之路"倡议实现对接，为三国深化务实合作搭建顶层设计平台，以便发挥三方的潜力和优势，建设和拓展互利共赢的经济发展空间，推动地区经济一体化，提升三国在国际市场上的联合竞争力。中蒙俄经济走廊有两个通道：一是从华北的京津冀到呼和浩特，再到蒙古和俄罗斯；二是从大连、沈阳、长春、哈尔滨到满洲里和俄罗斯的

Corridoio Economico Cina-Mongolia-Russia

L'idea di un corridoio economico Cina-Mongolia-Russia (CMREC) è stata proposta per la prima volta dal presidente Xi Jinping l'11 settembre 2014 a Dunshabe, capitale del Tajikistan, nel corso del primo meeting tra i tre capi di Stato di questi Paesi, e accolto con favore anche dal presidente russo Vladimir Putin e dal capo di Stato della Mongolia Tsakhiagiin Elbegdorj. Il 23 giugno 2016, Cina, Mongolia e Russia hanno sottoscritto un piano di sviluppo per questa proposta, il primo nel quadro di una cooperazione multilaterale per promuovere l'iniziativa "Una cintura e una via". Il corridoio economico Cina-Mongolia-Russia è un'importante componente della cintura economica della Via della Seta, e ha l'obiettivo di allineare l'iniziativa cinese "Una cintura e una via" con la proposta russa di Unione eurasiatica e con il programma della "Via della Steppa" messo a punto dalla Mongolia. Questo sarà in grado di creare un'ampia piattaforma per sfruttare i punti di forza e il potenziale dei tre Paesi, rafforzare la loro competitività collettiva sul mercato internazionale, espandere le opportunità di sviluppo a beneficio di tutti e promuovere l'integrazione economica regionale. Il corridoio economico Cina-Mongolia-Russia è costituito da due principali arterie di traffico: una parte dalla regione cinese di Beijing-Tianjin-Hebei fino a Hohhot, passa poi per la Mongolia giungendo infine in Russia; l'altra si estende dalle città cinesi di Dalian, Shenyang, Changchun,

赤塔。该走廊重点关注七大合作领域,即促进交通基础设施发展及互联互通、加强口岸建设和海关及检验检疫监管、加强产能与投资合作、深化经贸合作、拓展人文交流合作、加强生态环保合作、推动地方及边境地区合作,其中交通领域被确定为工作重点。

Harbin e Manzhouli fino ad arrivare a Chita, in Russia. Per questo progetto sono previste sette maggiori aree di cooperazione in cui i trasporti svolgono un ruolo prioritario:

- infrastrutture e connettività
- costruzione di porti, ispezione doganale delle frontiere e servizi di quarantena
- capacità industriale degli investimenti
- commercio
- scambi culturali
- protezione dell'ambiente
- cooperazione con le regioni adiacenti

新亚欧大陆桥

新亚欧大陆桥是相对"西伯利亚大陆桥"(从俄罗斯东部沿海的符拉迪沃斯托克出发,横穿西伯利亚大铁路通向莫斯科,然后通向欧洲各国)而言的,又名"第二亚欧大陆桥",东起江苏连云港、山东日照等中国沿海港口城市,西至荷兰鹿特丹、比利时安特卫普等欧洲口岸,途经哈萨克斯坦、俄罗斯、白俄罗斯、波兰、德国等,全长约10800千米,辐射世界30多个国家和地区,是横跨亚欧两大洲、连接太平洋和大西洋的国际大通道。20世纪90年代初,新亚欧大陆桥初步开通。"一带一路"有力推动了新亚欧大陆桥建设,为沿线国家和亚欧两大洲经济贸易交流提供了便捷的大通道。作为"一带一路"建设的标志性项目,渝新欧、蓉新欧、义新欧等多条铁路运输干线已经开通,其中渝新欧从重庆出发,通过位于中东欧的波兰抵达德国的杜伊斯堡,蓉新欧则

Nuovo Ponte Terrestre Eurasiatico

Il Nuovo Ponte Terrestre Eurasiatico (NELB) è una via di passaggio internazionale che collega il Pacifico all'Atlantico. Distinto dal ponte terrestre siberiano, che dal porto russo orientale di Vladivostok attraversa la Siberia fino a Mosca, per poi dirigersi verso i Paesi europei, questo "secondo" ponte procede dalle città di Lianyungang e Rizhao sulla costa cinese fino a Rotterdam in Olanda e ad Anversa in Belgio. La lunga linea ferroviaria di 10800 km corre attraverso il Kazakistan, la Russia, la Bielorussia, la Polonia e la Germania, e serve più di 30 Paesi e regioni. Attivato nei primi anni '90 del secolo scorso, il Nuovo Ponte Terrestre Eurasiatico sta vivendo un nuovo momento di sviluppo grazie all'iniziativa "Una cintura e una via". Questo facilita in modo determinante il commercio e gli altri scambi tra i Paesi interessati dal progetto, e tra l'Asia e l'Europa. L'iniziativa "Una cintura e una via" ha fortemente promosso la costruzione di questo ponte, che fornisce un passaggio comodo e veloce per gli scambi economici e commerciali tra due continenti. In qualità di progetti simbolici nel contesto dell'iniziativa "Una cintura e una via", sono già stati aperti dei tronconi ferroviari tra cui le linee Chongqing-Xinjiang-Europa, Chengdu-Xinjiang-Europa, Yiwu-Xinjiang-Europa. La prima delle tre, parte dalla città cinese di Chongqing, attraversa la Polonia in Europa centrale e giunge a Duisburgo in Germania. La linea Chengdu-Xinjiang-Europa

是从成都出发，直接抵达波兰，义新欧则从浙江义乌出发，抵达西班牙首都马德里。与此同时，与新亚欧大陆桥建设相关的公路交通、输电线路、港口建设等方面的工作也在稳步推进。

parte dalla città cinese di Chengdu e arriva direttamente in Polonia, mentre la linea Yiwu-Xinjiang-Europa parte di Yiwu, sempre in Cina, e giunge a Madrid. Allo stesso tempo, la costruzione di strade, di linee per il trasporto dell'energia elettrica e di porti nel quadro del progetto della costruzione del Nuovo Ponte Terrestre Eurasiatico procede a passo sicuro.

中国–中亚–西亚经济走廊

中国—中亚—西亚经济走廊东起中国，向西至阿拉伯半岛，是中国与中亚和西亚各国之间形成的一个经济合作区域，大致与古丝绸之路范围相吻合。走廊从新疆出发，穿越中亚地区，抵达波斯湾、地中海沿岸和阿拉伯半岛，主要涉及中亚五国（哈萨克斯坦、吉尔吉斯斯坦、塔吉克斯坦、乌兹别克斯坦、土库曼斯坦）和西亚的伊朗、沙特阿拉伯、土耳其等17个国家和地区，是丝绸之路经济带的重要组成部分。尽管中亚、西亚地区资源丰富，但制约经济社会发展的因素很多，其中基础设施建设落后、缺乏资金技术等问题较为突出。通过中国—中亚—西亚经济走廊建设，打通该地区对外经贸合作和资金流动通道，有利于促进相关国家经济社会发展。

Corridoio Economico Cina-Asia Centrale-Asia Occidentale

Il Corridoio Economico Cina-Asia Centrale-Asia occidentale (CCWAEC) collega la Cina alla Penisola Araba, e la vasta regione da esso coperta segue il percorso dell'antica Via della Seta. Il corridoio attraversa l'Asia centrale prima di raggiungere il Golfo Persico, il Mar Mediterraneo e la penisola araba. Attraversa cinque Paesi dell'Asia centrale (Kazakistan, Kirghizistan, Tagikistan, Turkmenistan e Uzbekistan), 17 Paesi e regioni in Asia occidentale (inclusi Iran, Arabia Saudita e Turchia) ed è una componente importante della Cintura Economica della Via della seta. L'Asia centro-occidentale è ricca di risorse, ma diversi fattori tra cui le infrastrutture arretrate e in particolare la mancanza di fondi bloccano lo sviluppo locale. Il corridoio economico Cina-Asia centrale-Asia occidentale faciliterà la cooperazione economica e commerciale insieme al fluire dei capitali in queste regioni, rafforzandone lo sviluppo sociale ed economico.

中国-中南半岛经济走廊

中南半岛与中国陆海相连,有几千年的历史渊源,有很强的地缘、人缘和文缘关系,是联通"一带一路"的重要桥梁和纽带。中国—中南半岛经济走廊东起珠三角经济区,沿南广高速公路、南广高速铁路,经南宁、凭祥、河内至新加坡,纵贯中南半岛的越南、老挝、柬埔寨、泰国、缅甸、马来西亚等国家,是中国连接中南半岛的大陆桥,也是中国与东盟合作的跨国经济走廊。该走廊以沿线中心城市为依托,以铁路、公路为载体和纽带,以人员、物资、资金、信息的流通为基础,开拓新的战略通道和空间,加快形成优势互补、区域分工、共同发展的区域经济体。携手共建中国—中南半岛经济走廊有利于打造新的区域增长点,促进中南半岛沿线国

Corridoio Economico Cina-Penisola Indocinese (BCIMEC)

La penisola indocinese e la Cina sono collegate attraverso vie terrestri e marittime. I contatti tra queste due regioni dell'Asia vantano migliaia di anni di storia e le relazioni geografiche e culturali tra i loro popoli si fondano su una solida tradizione. Il Corridoio Economico Cina-Penisola Indocinese (BCIMEC) è un ponte che si collega all'iniziativa "Una cintura e una via", parte dal delta economico del Fiume delle Perle ad est, si estende lungo l'autostrada Nanchong-Guangan e la ferrovia ad alta velocità Nanchong-Guangan, passa per le città cinesi di Nanning e Pingxiang, giunge ad Hanoi in Vietnam e termina a Singapore. Il corridoio attraversa Vietnam, Laos, Cambogia, Thailandia, Myanmar e la parte di Malesia sulla penisola indocinese. È un ponte terrestre che collega la Cina all'Indocina, e un corridoio economico transnazionale che promuove la cooperazione tra Cina e ASEAN. Appoggiandosi alle importanti città che si trovano sul suo passaggio, usando strade e ferrovie come vettori e basandosi su flussi di persone, di materiali, di capitali e informazioni, il corridoio si prefigge lo scopo di creare nuovi passaggi e spazi strategici per accelerare la formazione di un'economia regionale all'insegna del mutuo vantaggio, della suddivisione regionale dei compiti e dello sviluppo condiviso. La costruzione congiunta del corridoio economico Cina-Penisola Indocinese favorirà la crescita economica regionale, la prosperità e lo sviluppo comune dei

家的共同繁荣发展,也有利于构建中国—东盟命运共同体。

Paesi interessati e gioverà alla creazione di una comunità dal futuro condiviso Cina-ASEAN.

中巴经济走廊

中巴经济走廊是李克强总理于2013年5月访问巴基斯坦时提出的。走廊起点位于新疆喀什,终点在巴基斯坦瓜达尔港,全长3000千米,北接丝绸之路经济带,南连21世纪海上丝绸之路,是贯通南北丝路的关键枢纽,是一条包括公路、铁路、油气管道和光缆覆盖的"四位一体"通道和贸易走廊,被称为"一带一路"的"旗舰项目"。2015年4月,中巴两国初步制定了中巴经济走廊远景规划,将在走廊沿线建设交通运输和电力设施,并以此带动双方在走廊沿线开展重大项目、基础设施、能源资源、农业水利、信息通讯等多个领域的合作,创立更多工业园区和自贸区。走廊建设预计总工程费将达到450亿美元,计划于2030年完工。2015年4月20日,习近平主席和纳瓦兹·谢里夫总理举行了走廊

Corridoio Economico Cina-Pakistan

La proposta di creare un corridoio economico sino-pakistano è stata avanzata dal primo ministro cinese Li Keqiang durante la sua visita in Pakistan a maggio 2013. Questo corridoio, lungo in totale 3000 km, parte da Kashi, nella regione autonoma cinese del Xinjiang Uygur e termina al porto di Gwadar in Pakistan. A nord collega la cintura economica della Via della Seta e a sud si connette con la Via della Seta Marittima del XXI secolo. Si tratta di un crocevia di fondamentale importanza che unisce la parte meridionale e la parte settentrionale della Via della Seta. Sul suo percorso passano strade, ferrovie, oleodotti, gasdotti e fibre ottiche, ed è considerato un progetto di assoluta rilevanza nel quadro dell'iniziativa "Una cintura e una via". Ad aprile 2015, Cina e Pakistan hanno elaborato un piano di sviluppo del corridoio economico che prevede la costruzione d'infrastrutture per i trasporti e per la produzione di energia elettrica per trainare i progetti chiave e la cooperazione tra i due Paesi a livello infrastrutturale, delle risorse energetiche, dell'irrigazione per l'agricoltura e dell'informatizzazione. Questo consentirà di creare più parchi industriali e zone dedicate al libero commercio. Secondo le previsioni, i costi totali per la costruzione del passaggio arriveranno a 45 miliardi di dollari e il complemento del corridoio è previsto per il 2030. Il 20 aprile 2015 il presidente cinese Xi Jinping e il primo ministro pakistano Nawaz Sharif hanno tenuto

五大项目破土动工仪式,并签订了超过 30 项涉及中巴经济走廊的合作协议和备忘录。走廊旨在进一步加强中巴之间交通、能源、海洋等领域的交流与合作,推动互联互通建设,促进两国共同发展。走廊也有助于促进整个南亚的互联互通,更能使南亚、中亚、北非、海湾国家等通过经济、能源领域的合作紧密联合起来,形成惠及近 30 亿人口的经济共同振兴。

la cerimonia di apertura dei cantieri per 5 grandi progetti sul corridoio, firmando oltre 30 accordi e memorandum di cooperazione. La creazione di questo corridoio mira a rafforzare ulteriormente gli scambi e la collaborazione tra Cina e Pakistan nel settore marittimo, dell'energia e delle comunicazioni, rafforzando l'interconnessione e promuovendo lo sviluppo congiunto dei due Paesi. Inoltre faciliterà l'interconnessione di tutta l'Asia meridionale, consentirà una più stretta collaborazione in campo economico ed energetico tra i Paesi dell'Asia meridionale e centrale, dell'Africa meridionale e del Golfo, creando una prosperità economica che porterà grandi benefici a circa 3 miliardi di persone.

孟中印缅经济走廊

2013年5月，李克强总理访问印度期间，中印两国共同倡议建设孟中印缅经济走廊，推动中印两个大市场更紧密连接，加强该地区互联互通。该倡议得到孟加拉国、缅甸两国的积极响应。2013年12月，孟中印缅经济走廊联合工作组第一次会议在昆明召开，各方签署了孟中印缅经济走廊联合研究计划，正式建立了四国政府推进孟中印缅合作的机制。2014年9月，习近平主席在访问印度期间同莫迪总理会谈时提出中印双方要加快推进孟中印缅经济走廊建设，开展在"一带一路"框架内的合作。2014年12月，在孟加拉国考斯巴萨举行了孟中印缅经济走廊联合工作组第二次会议，讨论并展望了经济走廊的前景、优先次序和发展方向。孟中印缅经济走廊不仅直接惠及四国，其辐射作用将有助于带动南亚、东南亚、东亚三大经济板块联合发展。

Corridoio Economico Bangladesh-Cina-India-Myanmar (BCIM)

A maggio del 2013, durante la visita del primo ministro cinese Li Keqiang in India, i due Paesi hanno convenuto sulla necessità di costruire un corridoio economico tra Bangladesh, Cina, India e Myanmar per promuovere la connessione tra i mercati cinese e indiano, rafforzando l'interconnessione regionale. La proposta è stata accolta con favore anche da Bangladesh e Myanmar. A dicembre 2013, la prima riunione del gruppo di lavoro per il corridoio economico si è tenuta nella città cinese di Kunming, durante la quale i partecipanti hanno firmato un piano di ricerca congiunta su questo progetto, costituendo ufficialmente un meccanismo di cooperazione tra i governi dei quattro Paesi. A settembre 2014, in occasione della sua visita ufficiale in India, il presidente cinese Xi Jinping ha discusso del corridoio economico con il primo ministro indiano Modi, affermando che i due Paesi dovranno velocizzarne la creazione, cooperando nel quadro dell'iniziativa "Una cintura e una via". Il gruppo di lavoro per il corridoio BCIM ha tenuto la sua seconda riunione a dicembre 2014 a Cox's Bazar in Bangladesh, in cui si è discusso delle prospettive e della direzione di sviluppo del corridoio, insieme ad altre priorità. Oltre ad irradiare i suoi benefici verso i quattro Paesi direttamente interessati, il corridoio economico BCIM sarà inoltre in grado di trainare lo sviluppo delle economie dell'Asia meridionale, dell'Asia orientale e sud-orientale.

合作机制

Meccanismi di cooperazione

上海合作组织

上海合作组织（简称"上合组织"）是由中国、俄罗斯、哈萨克斯坦、吉尔吉斯斯坦、塔吉克斯坦、乌兹别克斯坦于 2001 年 6 月 15 日在上海宣布成立的永久性政府间国际组织。上合组织旨在加强成员国间的友好与信任，鼓励成员国在政治、经贸、文化等领域的有效合作，致力于共同维护地区和平与稳定，推动建立公正合理的国际政治经济新秩序。上合组织对内遵循"互信、互利、平等、协商，尊重多样文明、谋求共同发展"的"上海精神"，对外奉行不结盟、不针对其他国家和地区及开放原则。上合组织最高决策机构是成员国元首理事会，该会议每年举行一次，决定本组织所有重要问题。政府首脑理事会每年举行一次，讨论本组织框架下多边合作和优先领域的战略。上合组织有两个常设机构，分别是设在北京的上合组织秘书处和设在塔什干的上合组织地区反恐怖机构执行委员会。除 6 个成员国外，目前上合组织还包括阿富汗、白俄罗斯、印度、伊朗、蒙古、巴

Organizzazione per la Cooperazione di Shanghai (SCO)

L'organizzazione per la Cooperazione di Shanghai (SCO) è un'organizzazione intergovernativa a cui aderiscono Cina, Russia, Kazakistan, Kirghizistan, Tagikistan e Uzbekistan, ed è stata fondata a Shanghai il 15 giugno 2001. Quest'istituzione si prefigge lo scopo di contribuire all'amicizia e alla fiducia tra gli Stati membri, d'incoraggiare una cooperazione efficace in diverse aree tra cui la politica, l'economia, il commercio e la cultura, salvaguardando la pace e la stabilità regionale e promuovendo un nuovo ordine politico ed economico internazionale equo e ragionevole. I membri di quest'organizzazione hanno sviluppato lo "spirito di Shanghai" basato su fiducia reciproca, mutuo beneficio, uguaglianza, consultazione, rispetto per le diversità culturali e prosperità comune. Essi si attengono inoltre al principio di apertura e non allineamento, e le loro strategie politiche non sono dirette contro terze parti.

Il principale corpo decisionale dell'organizzazione per la Cooperazione di Shanghai è il Consiglio dei capi di Stato che si riunisce una volta l'anno per decidere di questioni di fondamentale importanza. Anche il Consiglio dei capi di governo s'incontra a scadenza annuale per discutere di altre priorità e di affari riguardanti la cooperazione multilaterale. L'organizzazione si appoggia poi ad altre istituzioni come il segretariato, che si trova a Beijing (Cina), e la Struttura regionale antiterrorismo di Tashkent (Uzbekistan). Sei

基斯坦 6 个观察员国,以及阿塞拜疆、亚美尼亚、柬埔寨、尼泊尔、土耳其、斯里兰卡 6 个对话伙伴。

Paesi godongo dello status di osservatore: Afghanistan, Bielorussia, India, Iran, Mongolia e Pakistan, e poi ci sono sei partner per il dialogo: Armenia, Azerbaijan, Cambogia, Nepal, Sri Lanka e Turchia.

中国—东盟"10+1"机制

中国—东盟"10+1"机制是中国与东南亚国家联盟建立的合作机制,自1997年成立以来,双方合作不断扩大与深化,现已发展成一个密切的政治、经济合作组织,成为东亚区域合作的主要机制之一。1991年,中国与东盟开启对话进程,中国成为东盟的对话伙伴国。1997年,双方举行第一次"10+1"领导人会议,宣布建立中国—东盟睦邻互信伙伴关系。2010年1月,中国—东盟自贸区正式建成,这是双方关系史上的重大事件,开启了中国与东盟实现经济一体化的进程。自此,中国成为第一个加入《东南亚友好合作条约》和第一个同东盟建立战略伙伴关系的域外大国,也是第一个同东盟建成自贸区的大国。为保障双方合作的顺利与成效,"10+1"机制确立了一套完整的对话与合作平台,主要包括政府首脑会议、部长级会议和工作组会议。中国—东盟中心是推进双方合作的重要常设机构。

Meccanismo di Cooperazione "10+1" Cina-ASEAN

Fondato nel 1997, il meccanismo di cooperazione "10+1" Cina-ASEAN ha giocato un ruolo importante nel promuovere rapporti politici ed economici più stretti tra la Cina e membri dell'Associazione delle Nazioni del Sud-est Asiatico. È divenuto uno dei principali forum per la cooperazione regionale. I lavori di questo meccanismo per il dialogo sono iniziati nel 1991. Il primo summit Cina-ASEAN "10+1" si è tenuto nel 1997, nel corso del quale è stata annunciata la creazione della partnership di buon vicinato e mutua fiducia. La zona di libero scambio Cina-ASEAN è stata creata a gennaio 2010, costituisce una pietra miliare nelle relazioni bilaterali tra Cina e Associazione delle Nazioni del Sud-est Asiatico e ha dato inizio al loro processo d'integrazione economica. La Cina è stata il primo Paese non ASEAN a sottoscrivere il trattato di amicizia e cooperazione dell'Asia sudorientale e a costituire una partnership strategica con l'Associazione delle Nazioni del Sud-est Asiatico, con cui ha creato una zona di libero scambio. Inoltre sono state istituite necessarie piattaforme per promuovere il dialogo e per assicurare il successo e l'efficacia della cooperazione bilaterale; tra queste figurano il summit Cina-ASEAN, insieme ad incontri a livello ministeriale e con gruppi di lavoro. Il centro Cina-ASEAN è un importante meccanismo permanente per promuovere la cooperazione bilaterale.

亚太经济合作组织

亚太经济合作组织是亚太地区层级最高、领域最广、最具影响力的经济合作机制,现有21个成员,以及东盟秘书处、太平洋经济合作理事会、太平洋岛国论坛秘书处3个观察员。1989年11月,澳大利亚、美国、日本、韩国、新西兰、加拿大及当时的东盟六国在澳大利亚首都堪培拉举行亚太经济合作组织首届部长级会议,标志着亚太经合组织的正式成立。作为经济论坛,亚太经合组织主要讨论与全球和区域经济有关的议题,如贸易和投资自由化、区域经济一体化、互联互通、经济结构改革和创新发展、全球多边贸易体系、经济技术合作和能力建设等,旨在维护本地区成员的共同利益,促进成员间的经济相互依存,加强开放的多边贸易体制,减少区

Cooperazione Economica Asiatico-Pacifica (APEC)

Il forum di Cooperazione Economica Asiatico-Pacifica (APEC) è un meccanismo di massimo livello che opera per rafforzare la collaborazione tra le economie della regione Asia-Pacifico. Con 21 membri e tre osservatori - il segretariato dell'ASEAN, il Consiglio di Cooperazione Economica del Pacifico (PECC) e il Segretariato del Forum delle Isole del Pacifico - questo copre una grande parte del mondo, su cui esercita un'influenza significativa.

Il forum è stato formalmente istituito a novembre 1989 nel corso dell'incontro a livello ministeriale tenuto nella capitale australiana Canberra, cui hanno preso parte Australia, Stati Uniti, Giappone, Corea del Sud, Nuova Zelanda, Canada e sei Paesi dell'ASEAN. Si tratta di un forum economico e si concentra su aspetti regionali e globali come la liberalizzazione del commercio e degli investimenti, l'integrazione economica regionale, la connettività, la riforma economica strutturale e lo sviluppo innovativo, i sistemi di commercio globale e multilaterale, la cooperazione economica in campo tecnologico e la capacità di sviluppo. Il forum di Cooperazione Economica Asiatico-Pacifica si pone come obiettivo principale la salvaguardia degli interessi comuni dei suoi membri nella regione dell'Asia Pacifico, il rafforzamento della loro interdipendenza economica, la creazione di un sistema multilaterale di commercio e la riduzione delle barriere agli investimenti e al commercio regionale. L'APEC

域贸易和投资壁垒。亚太经合组织共有 5 个层次的运作机制：领导人非正式会议、部长级会议、高官会、委员会和工作组、秘书处。中国于 2001 年和 2014 年先后在上海和北京成功举办过两届亚太经合组织领导人非正式会议，为促进区域贸易和投资自由化便利化、推动全球和地区经济增长发挥了积极作用。

opera a cinque livelli istituzionali attraverso l'incontro con i leader economici, con i ministri, i funzionari superiori, i gruppi di lavoro e i comitati, e infine con il segretariato. Nel 2001 e nel 2014 la Cina ha ospitato gli incontri dei leader dell'economia rispettivamente a Shanghai e a Beijing, e ha giocato un ruolo attivo nel promuovere l'apertura nel commercio e negli investimenti, stimolando la crescita economica regionale e globale.

亚欧会议

亚欧会议是亚洲和欧洲间重要的跨区域政府间论坛，旨在促进两大洲间建立新型、全面伙伴关系，加强相互对话、了解与合作，为亚欧经济社会发展创造有利条件。1996年3月，首届亚欧首脑会议在泰国曼谷举行，会议通过了《主席声明》，确定每两年召开一次首脑会议。2014年在意大利米兰举行的第十届亚欧首脑会议，决定接纳克罗地亚和哈萨克斯坦为新成员，亚欧会议成员增至53个。亚欧会议包括政治对话、经贸合作、社会文化及其他领域交流三大支柱，活动机制包括首脑会议、外长会议及部长级会议等，日常工作通过高官会进行沟通协调。亚欧首脑会议负责确定亚欧会议的指导原则和发展方向，隔年在亚洲和欧洲轮流举行，迄今已举

Asia-Europe Meeting (ASEM)

Si tratta di un importante forum interregionale e intergovernativo tra i due continenti il cui scopo è quello di promuovere la creazione di un nuovo partenariato globale per rafforzare il dialogo, la comprensione e la cooperazione, e creare condizioni favorevoli allo sviluppo economico e sociale dell'Asia e dell'Europa. Il primo vertice ASEM si è tenuto a marzo del 1996, a Bangkok in Thailandia. In sede di riunione fu approvata una "dichiarazione presidenziale" e fu stabilito che il vertice si sarebbe tenuto a scadenza biennale. Nel corso del decimo summit dell'ASEM, che si è tenuto nel 2014 a Milano, il numero dei membri è stato innalzato a 53 con l'ingresso di Croazia e Kazakistan. Il dialogo politico, la cooperazione economica e gli scambi in diversi settori - tra cui quello sociale e culturale - costituiscono i tre pilastri dell'ASEM, e i meccanismi per il suo funzionamento includono un vertice dei capi di Stato, incontri dei ministri degli Esteri e riunioni a livello ministeriale. Il lavoro quotidiano viene coordinato attraverso le riunioni degli alti funzionari.

Il vertice ASEM è responsabile per la determinazione delle linee guida e della direzione di sviluppo dell'organizzazione, e si tiene ad anni alterni in Asia e in Europa. Finora si sono tenute 11 sessioni. L'incontro dei ministri degli Esteri ha la funzione di coordinamento generale delle attività e della pianificazione della politica dell'ASEM,

办11届。亚欧外长会议负责亚欧会议活动的整体协调和政策规划,通过有关指导性文件并批准新倡议。亚欧高官会议负责协调和管理亚欧会议各领域活动,并对首脑会议、外长会议预做准备。成立于1997年的亚欧基金是亚欧会议框架下唯一常设机构,负责开展亚欧学术、文化和人员交流活动。

approva documenti orientativi e nuove iniziative. La riunione degli alti funzionari serve a coordinare e a gestire le attività dell'ASEM in diversi campi, a preparare il vertice dei capi di Stato e l'incontro dei ministri degli Esteri. La Fondazione Asia-Europa istituita nel 1997 è l'unico organo permanente nel quadro dell'ASEM ed è incaricata di organizzare scambi a livello accademico, culturale e di personale.

亚洲合作对话

亚洲合作对话是目前唯一面向全亚洲的官方对话与合作机制，成立于 2002 年，旨在推动各成员之间农业、能源、扶贫等领域的交流与合作，通过开展亚洲对话推动亚洲合作、促进亚洲发展。亚洲合作对话机制以首脑会议、外长会议、领域牵头国、高级研究小组会等形式开展活动，目前已在各成员国召开了 2 次首脑会议和 14 次外长会议。中国高度重视并积极参与亚洲合作对话进程，支持全面加强亚洲合作对话机制能力建设，更好地服务于亚洲地区发展和一体化进程。近年来，中国先后主办"丝绸之路务实合作论坛""共建'一带一路'合作论坛暨亚洲工商大会"等活动，以实际行动助推该对话机制，深化务实合作。

Dialogo per la Cooperazione Asiatica (ACD)

È l'unico meccanismo ufficiale per la cooperazione e il dialogo rivolto a tutta l'Asia. È stato creato nel 2002 per promuovere gli scambi e la cooperazione tra i membri nel settore agricolo, energetico e della riduzione della povertà, rafforzando la cooperazione e lo sviluppo dell'Asia attraverso il dialogo. Il meccanismo organizza attività in forma di vertice, riunioni dei ministri degli Esteri, delle nazioni influenti a livello regionale e di gruppi di ricerca di alto livello. Finora, si sono tenuti 2 vertici e 14 riunioni dei ministri degli Esteri in diversi Paesi membri. La Cina attribuisce grande importanza e partecipa attivamente al dialogo per la cooperazione asiatica, sostiene il rafforzamento di questo meccanismo per servire al meglio lo sviluppo e il processo d'integrazione dell'Asia. Negli ultimi anni la Cina ha ospitato il "Forum per la collaborazione pragmatica sulla Via della Seta", il "Forum cooperativo per la costruzione congiunta di 'Una cintura e una via' e l'Asia Business Conference", promuovendo concretamente il dialogo e l'ampliamento della base di cooperazione.

亚信会议

1992年10月,哈萨克斯坦总统纳扎尔巴耶夫在第47届联合国大会上提出了建立一个全亚洲范围的地区性安全合作组织的倡议,旨在通过各国专家、学者和领导人之间"讨论亚洲或欧亚的和平与安全问题",促进亚洲各国间的对话和协商。经过长达10年的专家论证和外交协调,2002年6月,亚信会议第一次峰会在阿拉木图成功举行。亚信会议恪守《联合国宪章》的宗旨和原则,坚持各成员国一律平等,相互尊重主权和领土完整,互不干涉内政,倡导以和平方式解决争端,反对动辄诉诸武力或以武力相威胁,通过制定和实施军事政治、新威胁新挑战、经济、人文、生态等五大领域信任措施,加强成员国安全、经济、社会和文化的交流与

Conferenza sulle Misure per il Rafforzamento dell'Interazione e della Fiducia in Asia (CICA)

Nell'ottobre 1992, in occasione della 47esima Assemblea Generale delle Nazioni Unite, il presidente del Kazakistan Nursultan Nazarbayev propose d'istituire un'organizzazione regionale per la cooperazione nel settore della sicurezza, il cui scopo doveva essere quello di promuovere il dialogo e le consultazioni tra i vari Paesi asiatici attraverso discussioni tra esperti, studiosi e leader su questioni di pace e sicurezza in Asia e in Europa. Dopo un decennio di discussioni e coordinamento a livello diplomatico, a giugno 2002 si è tenuto con successo il primo vertice della CICA ad Almaty, in Kazakistan. La CICA si attiene scrupolosamente agli scopi e ai principi della "Carta delle Nazioni Unite", e insiste sull'uguaglianza di tutti gli Stati membri, sulla necessità del rispetto della loro sovranità e integrità territoriale, e sulla non interferenza nei loro affari interni. La CICA sostiene la composizione pacifica delle controversie, si oppone al ricorso alle armi e alle minacce, appoggia il rafforzamento degli scambi e della cooperazione tra i Paesi membri in ambito economico, sociale, culturale e della sicurezza attraverso l'elaborazione e l'attuazione di misure per rafforzare la fiducia, e dirette alla politica militare, alla risposta a nuove minacce e sfide, e allo sviluppo economico, culturale ed ecologico. I meccanismi consultivi e decisionali della CICA includono il vertice dei capi di Stato e di governo, l'incontro

合作。亚信会议建立了国家元首和政府首脑会议、外长会议、高官委员会会议、特别工作组会议等议事和决策机制。截止到 2014 年的上海亚信峰会,亚信会议已有 26 个成员国,横跨亚洲各区域。在本次峰会上,习近平主席提出了"共同、综合、合作、可持续"的亚洲安全观,倡议走出一条共建、共享、共赢的亚洲安全之路。

tra i ministri degli Esteri e la Riunione del Comitato degli Alti Funzionari (SOC). Nel corso del vertice dei capi di Stato e di governo che si è tenuto a Shanghai nel 2014, il numero dei Paesi membri della CICA è stato elevato a 26. Durante l'evento, il presidente cinese Xi Jinping ha avanzato il concetto di sicurezza comune in Asia, che enfatizza misure comprensive e cooperazione per garantire una sicurezza sostenibile e per creare una via che, attraverso un impegno congiunto, possa condurre ad un futuro di sicurezza per tutti.

中阿合作论坛

2004年1月30日,时任中国国家主席胡锦涛访问了阿拉伯国家联盟总部,会见了时任阿盟秘书长阿姆鲁·穆萨和22个阿盟成员国代表。会见结束后,时任中国外长李肇星与穆萨秘书长共同宣布成立"中国—阿拉伯国家合作论坛"。2014年6月5日,习近平主席在中阿合作论坛第六届部长级会议开幕式上讲话表示,中阿合作论坛是着眼中阿关系长远发展作出的战略抉择,已成为丰富中阿关系战略内涵、推进中阿务实合作的有效抓手。2016年5月12日,中阿合作论坛第七届部长级会议在卡塔尔多哈举行。习近平主席和卡塔尔埃米尔塔米姆·本·哈马德·阿勒萨尼分别致贺信。会议围绕"共建'一带一路',深化中阿战略合作"议题,就中阿关系发展和中阿合作论坛建设达成广泛共识。截至2016年7月,中阿合作论坛已举行七届部长级会议、十三次高官会,其他合作机制也得到有序运行。

Forum sulla Cooperazione Cina-Stati Arabi

Il 30 gennaio 2004, l'allora presidente cinese Hu Jintao visitò la sede della Lega degli Stati Arabi dove incontrò il segretario generale Amr Moussa, insieme ai rappresentanti dei 22 Paesi membri dell'organizzazione. Al termine del colloquio, il ministro degli Esteri cinese Li Zhaoxing annunciò insieme a Moussa l'istituzione del Forum sulla cooperazione tra Cina e Stati arabi. Nel suo intervento alla cerimonia di apertura della sesta conferenza ministeriale del Forum il 5 giugno 2014, il presidente cinese Xi Jinping parlò dell'importanza strategica di questo appuntamento per lo sviluppo a lungo termine delle relazioni e della cooperazione concreta tra Cina e Paesi arabi. Il 12 maggio 2016 si è tenuta a Doha, capitale del Qatar, la settima riunione del Forum a livello ministeriale. Sia il presidente cinese Xi Jinping che l'Emiro del Qatar, Tamim bin Hamad Al Thani, hanno indirizzato una lettera di congratulazioni alla riunione, svolta intorno al tema "costruire insieme la Cintura e la Via per rafforzare la cooperazione strategica" e che ha riscontrato un ampio consenso sulla necessità di sviluppare delle relazioni tra i Paesi partecipanti e sui lavori da portare avanti in futuro. Fino a luglio 2016 si sono tenuti 7 incontri a livello ministeriale nel quadro del Forum sulla cooperazione Cina-Stati arabi, e 13 riunioni di alti funzionari mentre gli altri meccanismi hanno continuato a svolgere il loro lavoro ordinario.

中国-海合会战略对话

2010年6月,中国—海湾合作委员会首轮战略对话在京举行,时任科威特副首相兼外交大臣穆罕默德、阿联酋外交国务部长卡尔卡什、海合会秘书长阿提亚与杨洁篪外长共同主持了对话会,并签署了双方关于高级别战略对话的谅解备忘录。2011年5月,第二轮战略对话在阿联酋首都阿布扎比举行。2014年1月,第三轮战略对话在北京举行,习近平主席会见了海合会代表团。双方一致同意致力于建立中国和海合会战略伙伴关系,强调要重启中国和海合会自贸区谈判进程,通过并签署了《中华人民共和国和海湾阿拉伯国家合作委员会成员国战略对话2014年至2017年行动计划》。海合会6个成员国是古丝绸之路的交汇地,地理位置重要,发展潜力巨大,是中国推进"一带一路"建设的天然和重要的合作伙伴。中国—海合会战略对话为双方共建"一带一路"提供了重要平台。

Dialogo Strategico Cina-GCC

Il primo turno del dialogo strategico tra la Cina e il Consiglio per la cooperazione nel Golfo (GCC) si è tenuto a Beijing a giugno 2010. Il ministro degli Esteri cinese Yang Jiechi, il vice primo ministro e ministro degli Esteri del Kuwait Mohammad Sabah Al-Salem Al-Sabah, il ministro degli Esteri degli Emirati Arabi Uniti Anwar Mohammed Qarqash, e il segretario generale del GCC Abdul-rahman al-Attiyah hanno co-presieduto l'evento e i partecipanti hanno firmato un memorandum d'intesa sul dialogo strategico. Il secondo turno si è tenuto a maggio 2011 ad Abu Dhabi, capitale degli Emirati Arabi Uniti, mentre il terzo a Beijing, a gennaio 2014, nel corso del quale il presidente Xi Jinping ha incontrato la delegazione del GCC. Le due parti si sono trovate d'accordo a costituire un partenariato strategico e a riavviare le trattative per la zona di libero scambio, approvando e firmando il "Piano d'azione dal 2014 al 2017 per il dialogo strategico tra la Repubblica Popolare Cinese e il Consiglio di cooperazione degli Stati arabi del Golfo". I sei Stati membri del GCC si trovano in un'area in cui convergono le antiche rotte della Via della Seta. La posizione strategica e il potenziale di sviluppo fanno di questi Paesi dei naturali e importanti partner della Cina nel quadro dell'iniziativa "Una cintura, una via". Il dialogo strategico Cina-GCC ha fornito ai partecipanti al colloquio un'importante piattaforma di collaborazione.

大湄公河次区域经济合作

大湄公河次区域经济合作是由澜沧江—湄公河流域内的 6 个国家,即中国、缅甸、老挝、泰国、柬埔寨、越南共同参与的一个次区域经济合作机制,成立于 1992 年。其宗旨是加强次区域国家的经济联系,促进次区域的经济和社会共同发展。亚洲开发银行是该机制的发起者、协调方和主要筹资方。领导人会议为最高决策机构,每三年召开一次,各成员国按照字母顺序轮流主办。日常决策机构为部长级会议,下设高官会、工作组和专题论坛等。该机制成立 20 多年来,在交通、能源、电力、基础设施、农业、旅游、信息通信、环境、人力资源开发、经济走廊等重点领域开展了富有成效的合作。中国重视大湄公河次区域经济合作,积极参与各层次、各领域项目的规划与实施,为促进各成员国民生和福祉做出了自身的贡献。

Cooperazione Economica nella Subregione del Grande Mekong

È un meccanismo di cooperazione economica subregionale cui partecipano i sei Paesi del bacino del Grande Mekong: Cina, Myanmar, Laos, Thailandia, Cambogia e Vietnam. Fondato nel 1992, questo meccanismo ha lo scopo di rafforzare i legami economici tra i Paesi della subregione e promuoverne lo sviluppo economico e sociale. Questo programma è stato lanciato, coordinato e finanziato dalla Banca Asiatica per lo Sviluppo. Il più alto organo decisionale è il Summit dei Leader che si tiene a scadenza triennale ed è ospitato a turno, in ordine alfabetico, dai Paesi membri. La direzione politica del programma è discussa dalla conferenza ministeriale, sotto la quale si tengono la riunione degli alti funzionari e dei gruppi di lavoro insieme a dei forum tematici. In oltre 20 anni dalla sua fondazione, il meccanismo ha dato il via a cooperazioni fruttuose in settori chiave tra cui quello dei trasporti, dell'energia, della produzione elettrica, delle infrastrutture, dell'agricoltura, del turismo, dell'informazione e comunicazione, dell'ambiente, dello sviluppo delle risorse umane e dei corridoi economici. La Cina attribuisce importanza alla cooperazione economica nella subregione del Grande Mekong, ha partecipato attivamente alla pianificazione e all'attuazione di progetti a tutti i livelli e in vari settori, offrendo il proprio contributo al miglioramento del tenore di vita dei cittadini e alla promozione del benessere dei Paesi membri.

中亚区域经济合作

中亚区域经济合作于1996年由亚洲开发银行发起成立，2002年提升为部长级合作，已建立起以部长会议、高官会议、行业协调委员会和区域工商圆桌会议为主的合作协调机制，是中亚区域重要的经济合作机制之一。其宗旨是以合作谋发展，通过促进交通运输、贸易、能源和其他重要领域的区域合作，促进成员国经济社会发展，减少贫困。现有成员包括中国、阿富汗、阿塞拜疆、巴基斯坦、蒙古国、哈萨克斯坦、吉尔吉斯斯坦、塔吉克斯坦、土库曼斯坦、乌兹别克斯坦和2016年加入的格鲁吉亚。亚洲开发银行、世界银行、国际货币基金组织、联合国开发计划署、欧洲复兴开发银行、伊斯兰开发银行6个国际组织，以及一些发达国家的双边援助机构作为发展伙伴也参与了该框架下的合作。

Cooperazione Economica Regionale dell'Asia Centrale (CAREC)

È stata lanciata nel 1996 dalla Banca Asiatica per lo Sviluppo e nel 2002 è stata promossa a collaborazione a livello ministeriale. Ha già costituito un meccanismo di cooperazione e coordinamento composto principalmente da una conferenza ministeriale, da una riunione di alti funzionari, da un comitato per il coordinamento industriale e da una tavola rotonda sul business regionale. Si tratta di uno dei principali organi per la collaborazione economica in Asia centrale e che avviene in diversi importanti settori, tra cui quello delle comunicazioni, dei trasporti, del commercio e dell'energia. Il suo scopo è quello di promuovere lo sviluppo economico e sociale insieme alla riduzione della povertà. Il gruppo dei Paesi CAREC include attualmente Cina, Afghanistan, Azerbaijan, Pakistan, Mongolia, Kazakistan, Kirghizistan, Tagikistan, Turkmenistan, Uzbekistan, insieme alla Georgia che vi ha aderito nel 2016. La Banca Asiatica per lo Sviluppo, la Banca mondiale, il Fondo Monetario Internazionale, il Programma delle Nazioni Unite per lo Sviluppo (UNDP), la Banca Europea per la Ricostruzione e lo Sviluppo (BERS), la Banca Islamica di Sviluppo (IDB) insieme ad organizzazioni di assistenza a livello bilaterale di alcuni Paesi sviluppati hanno fornito supporto ai progetti condotti nel quadro del programma CAREC.

中国－中东欧国家合作

中国一中东欧国家合作简称"16+1合作",是中国与中东欧16国之间建立的合作机制。在该机制框架下,17国将相互尊重各自主权独立和领土完整,加深对各自发展道路的理解,结合自身特点、需求和优先方向,本着平等协商、优势互补、合作共赢的原则,积极落实框架目标。"16+1合作"这一创新性的次区域合作机制,开辟了中国同传统友好国家关系发展的新途径,创新了中国同欧洲关系的实践,搭建了具有南北合作特点的南南合作新平台。近年来,在双方的共同努力下,"16+1合作"机制不断发展壮大,形成了全方位、宽领域、多层次的格局,已步入成熟期和早期收获期。实现"一带一路"倡议与"16+1合作"机制的有效对接,将为中国一中东欧合作列车装载"超级引擎",拓宽沿线国家的企业投资之路、贸易之路,开拓中国与中东欧国家的合作共赢之路。

Cooperazione Cina-Paesi dell'Europa Centrale e Orientale

Un meccanismo per la cooperazione tra la Cina e i Paesi dell'Europa centrale e orientale, comunemente conosciuto come "16+1", è stato costituito per facilitare la collaborazione tra la Cina e i 16 Paesi dell'Europa centrale e orientale su questioni di comune interesse. I 17 Paesi sono d'accordo a rispettare la sovranità, l'indipendenza e l'integrità territoriale di ognuno, a rafforzare la comprensione reciproca e a lavorare per raggiungere gli obiettivi nel quadro del "16+1", in accordo ai loro bisogni e priorità specifiche, basate sull'uguaglianza, sulla consultazione, sulla complementarietà e sulla cooperazione per il mutuo vantaggio. Il "16+1" è una struttura innovativa per la cooperazione subregionale, e apre nuove strade allo sviluppo delle relazioni tra Paesi tradizionalmente amici. È una piattaforma per la cooperazione sud-sud, ma che comprende anche le caratteristiche di cooperazione nord-sud. Grazie agli sforzi congiunti dei partecipanti, il "16+1" è divenuto una struttura omnidimensionale, ad ampio raggio e multicanale che sta ottenendo risultati importanti. L'effettivo allineamento tra l'iniziativa "Una cintura e una via" proposta dalla Cina e la struttura "16+1" sarà in grado di creare un "super motore" per il treno della cooperazione tra la Cina e le nazioni dell'Europa centrale ed orientale, espandendo i canali per gli investimenti e il commercio per i Paesi che si trovano lungo questa rotta, portando benefici a loro e alla Cina.

中非合作论坛

为进一步加强中国与非洲国家的友好合作，共同应对经济全球化挑战，谋求共同发展，在中非双方共同倡议下，"中非合作论坛——北京2000年部长级会议"于2000年10月在京召开，标志着中非合作论坛正式成立。该论坛的宗旨是平等互利、平等磋商、增进了解、扩大共识、加强友谊、促进合作。成员包括中国、与中国建交的51个非洲国家以及非洲联盟委员会。中非合作论坛部长级会议每三年举行一届，目前已举办六届。2015年12月4日，在中非合作论坛约翰内斯堡峰会开幕式上，习近平主席代表中国政府宣布，将中非新型战略伙伴关系提升为全面战略合作伙伴关系，提出与非洲在工业化、农业现代化、基础设施、金融、绿色发展、贸易和投资便利化、减贫惠民、公共卫生、人文、和平和安全等领域共同实施"十大合作计划"，规划了中非务实合作的新蓝图。

Forum sulla Cooperazione Cina-Africa

Il Forum sulla Cooperazione Cina-Africa (FoCAC) è stato formalmente inaugurato nel corso della prima conferenza ministeriale nell'ottobre del 2000 a Beijing, su iniziativa congiunta di Cina e Africa. Il suo scopo è quello di rafforzare la cooperazione tra la Cina e Paesi dell'Africa per fronteggiare le sfide della globalizzazione economica e ricercare una prosperità comune.

Il forum promuove la comprensione, l'allargamento del consenso, l'amicizia e la collaborazione attraverso consultazioni sulla base del principio di uguaglianza. I membri del forum comprendono la Cina, i 51 Paesi africani con cui questa ha relazioni diplomatiche e la Commissione dell'Unione Africana. La conferenza ministeriale del Forum viene organizzata a scadenza triennale, e finora si è tenuta sei volte. Il 4 dicembre 2015 durante l'inaugurazione del Forum sulla Cooperazione Cina-Africa a Johannesburg, il presidente cinese Xi Jinping aveva annunciato che il nuovo partenariato strategico tra Cina e Africa sarebbe stato elevato a partnership cooperativa strategica completa. Il capo di Stato cinese aveva poi proposto 10 piani per accelerare la cooperazione con l'Africa in ambito di industria, modernizzazione agricola, servizi finanziari, sviluppo verde, facilitazioni per gli investimenti e il commercio, riduzione della povertà, costruzione d'infrastrutture, sanità, pace e sicurezza, pianificando un nuovo progetto di cooperazione pragmatica tra Cina e Africa.

其他国家或组织倡议

Iniziative di altri Paesi e organizzazioni

联合国"丝绸之路复兴计划"

复兴丝绸之路的计划早在20世纪60年代就已经开始,最初的计划是修建一条连接新加坡至土耳其的全长约14000千米的铁路。推动丝绸之路复兴的政府和组织数量众多,发挥作用最大的是联合国。2008年2月,联合国开发计划署正式发起了"丝绸之路复兴计划",来自包括中国、俄罗斯、伊朗、土耳其在内的19国官员在瑞士日内瓦签署意向书,决定在今后数年投入430亿美元,激活古丝绸之路和其他一些古老的欧亚大陆通道,全长7000多千米。该计划由230个项目组成,期限为2008年至2014年,投资主要用于改善古丝绸之路等欧亚大陆通道的基础设施并开发多条经济走廊。该计划旨在使古老的丝绸之路重现辉煌,为中亚、东欧等国提供机会,并让欧亚大陆腹地分享全球化带来的好处。

ONU: Programma per la Rinascita della Via della Seta

La storia di questo programma risale agli anni 60 del secolo scorso. Il progetto iniziale fu quello di costruire una linea ferroviaria che collegasse Singapore alla Turchia per una lunghezza totale di 14000 Km. Un gran numero di governi e organizzazioni si stanno impegnando a promuovere la rinascita della Via della Seta, e anche le Nazioni Unite hanno svolto un ruolo fondamentale in questo senso. A febbraio 2008, il Programma delle Nazioni Unite per lo Sviluppo avviò ufficialmente il progetto per la rinascita della Via della Seta e i funzionari di 19 Paesi fra cui Cina, Russia, Iran e Turchia firmarono a Ginevra una lettera di intenti, comunicando la decisione di investire negli anni successivi 43 miliardi di dollari per attivare l'antica Via della Seta e le altre tradizionali rotte eurasiatiche che si estendono per una lunghezza totale di oltre 7000 Km. Il piano è composto da 230 progetti da realizzare tra il 2008 e il 2014 e gli investimenti sono stati utilizzati principalmente per migliorare le antiche rotte terrestri del continente eurasiatico - tra cui l'antica Via della Seta - e per sviluppare una serie di corridoi economici. Il piano mira a ricostituire lo splendore della Via della Seta, offrendo nuove opportunità ai Paesi dell'Asia centrale e orientale e consentendo all'entroterra del continente eurasiatico di condividere i benefici della globalizzazione.

俄罗斯"欧亚联盟"

2011年10月5日,时任俄罗斯总理普京在俄《消息报》发表署名文章,提出了"欧亚联盟"的发展理念。"欧亚联盟"旨在逐步融合独联体国家,打造统一的关税联盟和经济空间;通过提升独联体地区一体化的程度与层次,最终建立起拥有超国家机构的主权国家联盟。俄罗斯将以独联体国家为突破口,逐渐将"欧亚联盟"的范围由现在的俄罗斯、白俄罗斯、哈萨克斯坦、亚美尼亚、吉尔吉斯斯坦共5个前苏联加盟共和国扩大到整个前苏联"版图",最后辐射到亚太地区。欧亚经济联盟作为"欧亚联盟"的关键环节,已于2015年正式启动,预计在2025年实现商品、服务、资金和劳动力的自由流动,最终将建成类似于欧盟的经济联盟,形成一个拥有1.7亿人口的统一市场。"欧亚联盟"与"一带一路"的战略对接前景广阔。丝绸之路经济带对于推动俄罗斯将经济发展的重心东移到西伯利亚和远东地区,缩小其亚洲部分与欧洲部分的经济差距,建成"欧亚联盟"有着重要意义。

Russia: Unione Eurasiatica

L'idea di unione eurasiatica fu proposta per la prima volta dal primo ministro russo Vladimir Putin in un articolo pubblicato il 5 ottobre 2011 sul quotidiano "Izvestia". Questa aveva lo scopo d'integrare i membri della Comunità degli Stati Indipendenti (CIS) in un'unione doganale ed economica, e costituire infine un'alleanza di Paesi sovrani. Il piano russo era d'iniziare con cinque repubbliche ex-sovietiche (Russia, Bielorussia, Kazakistan, Armenia e Kirghizistan), poi espandere l'unione a tutte le repubbliche, e infine andare oltre, a coprire tutta la regione dell'Asia-Pacifico. Una componente centrale di questo progetto, l'Unione economica eurasiatica, fu lanciata nel 2015, prevedendo per il 2025 la libera circolazione di merci, servizi, capitali e manodopera al suo interno. In accordo ai piani, l'Unione eurasiatica dovrebbe avere infine un aspetto simile a quello dell'Unione europea e costituire un mercato unico di 170 milioni di persone. Le prospettive di allineare la struttura dell'Unione eurasiatica con l'iniziativa "Una cintura e una via" appaiono promettenti. Quest'ultima sosterrà gli sforzi della Russia di spostare verso la Siberia e l'Estremo oriente il centro di gravità del suo sviluppo economico, di colmare il divario nella crescita tra la sua parte europea e asiatica, e d'imprimere forza alla creazione della neonata "Unione eurasiatica".

哈萨克斯坦"光明之路"

哈萨克斯坦总统纳扎尔巴耶夫在 2014 年 11 月发表的国情咨文中宣布，实行"光明之路"新经济政策，以大规模的投资计划促进哈萨克斯坦的经济增长。"光明之路"计划在 3 年之内将 90 亿美元分配到运输物流业建设、工业和能源基础设施建设、公共设施和水热供应网络改善、住房和社会基础设施建设、中小型企业扶持等方面。"光明之路"的核心在于对运输和物流基础设施项目的大规模投资，目的在于发展哈萨克斯坦的国内运输网络，并将哈萨克斯坦打造成连接中国、欧洲与中东各大市场的全球交通走廊。哈萨克斯坦决策者预计"光明之路"的实施将使沿中国、中亚、俄罗斯和欧洲线路运输的货运量翻一番，达到每年 3300 万吨。中哈两国领导人多次指出，"光明之路"与"一带一路"有众多契合点和互补性。双方表达了对接的强烈意愿，并已采取务实措施。

Kazakistan: Iniziativa Via Luminosa

A novembre 2014, in un suo discorso sullo Stato dell'Unione, il presidente kazako Nursultan Nazarbayev annunciò una politica economica denominata "Via luminosa" con lo scopo di stimolare la crescita dell'economia del Paese attraverso investimenti su larga scala. Quest'iniziativa ha in progetto di dirigere dei finanziamenti per oltre 9 miliardi di dollari in un periodo di tre anni verso il settore dei trasporti, della logistica, delle infrastrutture industriali ed energetiche, delle strutture pubbliche e della fornitura di acqua e riscaldamento, con un occhio anche alla costruzione delle abitazioni, ai servizi pubblici e alle piccole e medie imprese. Questi grandi investimenti miglioreranno la rete dei trasporti del Kazakistan e faranno del Paese un corridoio internazionale che collegherà i mercati di Cina, Europa e Medioriente. In seguito all'attuazione di questa iniziativa, i leader politici kazaki si aspettano un raddoppiamento a 33 milioni di tonnellate l'anno del volume del traffico merci che, attraverso il Paese, giungerà in Cina, in Asia centrale, in Russia e in Europa. I leader kazaki e cinesi sono d'accordo sul fatto che l'iniziativa "Via luminosa" e il progetto "Una cintura e una via" siano complementari e che si rafforzino reciprocamente, dunque hanno espresso il desiderio di lavorare alla loro integrazione adottando misure concrete.

蒙古国"草原之路"

2014年11月,蒙古国提出基于地处欧亚之间的地理优势,准备实施"草原之路"计划,旨在通过运输和贸易振兴蒙古国经济。"草原之路"计划由5个项目组成,总投资需求约为500亿美元,具体包括:建设长达997千米的高速公路直通中俄,新建输电线路1100千米,在蒙古现有铁路基础上进行扩展,对天然气和石油管道进行扩建。蒙古国政府认为,"草原之路"计划将为蒙古国新建交通干道沿线地区带来更多的商机,并可带动当地各类产业的升级改造。蒙古国的核心产业即能源产业和矿业也会享受到此计划带来的直接好处,这必将使行业得到新的腾飞。中蒙两国领导人多次表示,"一带一路"与"草原之路"高度契合,符合双方共同发展利益。

Mongolia: Via della Steppa

Rivelato per la prima volta a novembre 2014, il programma della Mongolia "Via della Steppa" si affida all'importante posizione strategica di questo Paese all'interno del continente asiatico per rafforzare la sua economia attraverso il miglioramento della rete dei trasporti e del commercio. Con una stima d'investimenti per 50 miliardi di dollari, i progetti nel quadro della "Via della Steppa" includono la costruzione di un'autostrada lunga 997 Km che collega direttamente la Cina e la Russia, insieme a 1100 Km di linee elettriche ad alta tensione e all'espansione della rete ferroviaria, dei gasdotti e degli oleodotti. Il governo della Mongolia ritiene che questo programma porterà molte opportunità commerciali lungo le nuove arterie di traffico, migliorando la produttività in diversi settori. In modo particolare saranno le industrie di base del Paese - quelle energetiche e minerarie - a beneficiare di questa iniziativa che offrirà loro un trampolino di lancio per una trasformazione radicale. I leader di Cina e Mongolia hanno affermato in diverse occasioni che l'iniziativa "Una Cintura e una via" e il programma "Via della Steppa" presentano chiaramente molti punti di contatto, e che contribuiranno all'impegno già profuso da entrambi i Paesi nella direzione dello sviluppo.

印度"季风计划"

"季风计划"是印度莫迪政府尝试"借古谋今"的一种外交战略新构想,设想在从南亚次大陆到整个环印度洋的广大区域内,打造以印度为主导的环印度洋地区互利合作新平台。"季风计划"以深受印度文化影响的环印度洋地区及该地区国家间悠久的贸易往来历史为依托,以印度为主力,推进环印度洋地区国家间在共同开发海洋资源、促进经贸往来等领域的合作。莫迪政府的"季风计划"经历了从最初的文化项目定位发展成为具有外交、经济功能的准战略规划。印度是古代"海上丝路"的重要驿站,也是中国共建共享"一带一路"的重要伙伴。"季风计划"与"一带一路"在结构和本质上并不具有天然的对抗性,反而能实现相互对接甚至融合。

India: Progetto Monsone

È un'iniziativa di politica diplomatica portata avanti dal governo indiano guidato da Narendra Modi, e prevede la costituzione di una nuova piattaforma per la cooperazione in una vasta area che si estende dal subcontinente dell'Asia meridionale alle altre zone del litorale dell'oceano Indiano, nelle quali l'India giocherà un ruolo chiave. Questo progetto affonda le radici nella storia del commercio tra i Paesi litoranei fortemente influenzati dalla cultura indiana, e si dedica a rinnovare la loro collaborazione per esplorare le risorse marittime e commerciali.

Inizialmente proposto come programma culturale, il "Progetto Monsone" si sta ora evolvendo in un'iniziativa quasi-strategica con riflessi diplomatici ed economici. L'India era una tappa importante sull'antica "Via della Seta Marittima" ed oggi è un partner di rilievo della Cina nel quadro dell'iniziativa "Una cintura e una via". A livello di natura e struttura non esistono conflitti tra il "Progetto Monsone" e l'iniziativa avanzata dalla Cina; al contrario, questi due progetti potranno essere prontamente allineati e integrati.

俄印伊"北南走廊计划"

"北南走廊计划"最早由俄罗斯、印度、伊朗三国于2000年发起,计划修建一条从南亚途经中亚、高加索、俄罗斯到达欧洲的货运通道。"北南走廊"规划全长5000多千米,预计建成后较现在的欧亚运输路线缩短40%,其运费也将相应减少30%。该运输走廊将北起芬兰湾的圣彼得堡,经俄南部的里海港口阿斯特拉罕,跨里海至伊朗北部的诺乌舍赫尔港,再南下至伊朗南部港口城市阿巴斯,穿过阿曼湾,最后经阿拉伯海抵达印度港口孟买,其中包括公路、铁路、海运等多种运输形式。该运输走廊计划将印度西海岸港口和伊朗在阿拉伯海的阿巴斯港和查赫巴尔港连接起来。该计划自提出以来就因资金迟滞、政治分歧,尤其是处在核心位置的伊朗态度日渐消极而一直进展缓慢,以至于在相当长时间里,各方都没有就实际运作方案达成共识。2011年,印度的积极推动使该计划得以重获生机。近年来,已经有包括中亚国家在内的16个国家参与到这个项目中。但是,

Russia-India-Iran: Corridoio Nord-Sud

Avviato dalla Russia, dall'India e dall'Iran nel 2000, questo progetto prevede la costruzione di un passaggio per i trasporti di merci dall'Europa e dall'Asia meridionale all'Asia centrale, al Caucaso e alla Russia. In accordo ai piani, il "Corridoio nord-sud" si estenderà per una lunghezza complessiva di oltre 5000 km, il 40% in meno rispetto alle attuali vie che collegano l'Europa e l'Asia, con spese di trasporto ridotte del 30%. Il corridoio si allungherà verso sud da San Pietroburgo, vicino al golfo della Finlandia, e attraverserà il Mar Caspio dal porto di Astrakan nella Russia meridionale fino a quello di Nowshahr nel nord dell'Iran. Continuerà poi verso la città portuale di Bandar Abbas nell'Iran meridionale, attraverserà il Golfo di Oman e il mare Arabico per arrivare infine al porto di Mumbai, in India. Il corridoio connetterà anche la costa occidentale dell'India con i porti iraniani di Bandar Abbas e Chabahar sul Mar Arabico. È inoltre prevista la presenza di un sistema di trasporti multimodale che integrerà le autostrade, le ferrovie e il traffico marittimo. Il progetto ha fatto esperienza di alcuni ritardi dovuti alla mancanza di fondi e alle differenti visioni politiche. Inoltre, vista la posizione centrale dell'Iran, l'atteggiamento tiepido di questo Paese nei confronti del progetto ha contribuito ai continui fallimenti nel tentativo di raggiungere un consenso o un piano di azione specifico. Nel 2011, il progetto ha nuovamente preso vigore grazie alla spinta dell'India, e

印度积极推动的"北南走廊计划"因其与巴基斯坦的潜在冲突，发展前景不被看好。

16 Paesi sono entrati a farvi parte, inclusi quelli dell'Asia centrale, tuttavia le prospettive non appaiono rosee a causa di potenziali contrasti tra India e Pakistan.

欧盟"南部能源走廊"

"南部能源走廊"也称"南部走廊输气网",是欧盟一直倡导的大型重点项目,旨在减少对单一国家的天然气依赖,实现欧洲能源供应渠道的多元化。欧盟在与相关国家谈判多年后,于2008年提出建设一个以纳布科天然气管道为主的"南部走廊"输气管道网络。纳布科天然气管道项目由欧盟投资,全长约3300千米,目的是将里海地区的天然气经土耳其、保加利亚、罗马尼亚和匈牙利输送至奥地利后,再输往欧盟其他国家。该项目预计投资总额为79亿欧元,年输送天然气能力为310亿立方米。当前,欧盟"南部能源走廊"构想在气源选择、管道过境以及国际环境等方面,依旧存在诸多掣肘,供气计划障碍重重,欧盟实现能源安全之路任重道远。

Unione Europea: Gasdotto del Corridoio Meridionale

Si tratta di un'importante iniziativa dell'Unione europea per diversificare il suo approvvigionamento energetico e ridurre la sua dipendenza da un singolo fornitore. Dopo molti anni di negoziati tra l'UE e i Paesi interessati, fu proposto un piano per creare un corridoio meridionale, con progetti che includono il gasdotto Nabucco. Questo progetto di gasdotto lungo 3300 km, e finanziato dall'Unione europea, ha in programma di trasportare gas dal Mar Caspio all'Austria e agli altri Paesi europei attraverso Turchia, Bulgaria, Romania e Ungheria. Con un investimento stimato di 7,9 miliardi di euro ci si aspetta che il gasdotto trasporti 31 miliardi di metri cubi di gas naturale l'anno. Tuttavia, prima che l'idea di questo corridoio diventi realtà esistono ancora delle sfide impegnative da fronteggiare e relative alla selezione delle fonti di approvvigionamento, alle rotte del gasdotto e alle varie dinamiche internazionali. L'Unione europea ha ancora davanti a sé una lunga strada da percorrere per realizzare la sua sicurezza energetica.

美国"新丝绸之路计划"

美国"新丝绸之路计划"起源于霍普金斯大学弗雷德里克·斯塔尔教授于2005年提出的"新丝绸之路"构想。2011年7月，时任美国国务卿希拉里在印度参加第二次美印战略对话期间正式提出了"新丝绸之路计划"：以阿富汗为中心，通过中亚和南亚在政治、安全、能源、交通等领域的合作，建立一个由亲美的、实行市场经济和世俗政治体制的国家组成的新地缘政治版块，推动包括阿富汗在内的中亚地区国家的经济社会发展，服务于美国在该地区的战略利益。同年10月，美国国务院向美国驻有关国家大使馆发出电报，要求将美国的中亚、南亚政策统一命名为"新丝绸之路"战略，并将其向国际伙伴通报。这标志着"新丝绸之路计划"正式成为美国的官方政策。目前，"新丝绸之路计划"的部分项目已经完工，如乌兹别克斯坦—阿富汗铁路已经竣工，塔吉克斯坦桑土达水电站开始向阿富汗送电。从美

Stati Uniti: Iniziativa della Nuova Via della Seta

Questo progetto fu inizialmente concepito nel 2005 da Frederick Starr, studioso dell'Università Johns Hopkins, e formalmente annunciato a luglio 2011, in India, dal segretario di Stato Hillary Clinton nel corso del secondo dialogo strategico tra India e Stati Uniti. Questa iniziativa mira a dare vita ad un nuovo blocco geopolitico costituito da economie di mercato filo-americane gestite attraverso sistemi politici secolari. Con particolare attenzione all'Afghanistan, il progetto cerca di espandere la cooperazione tra i Paesi dell'Asia centrale e meridionale in contesti come quello energetico, dei trasporti, e delle questioni relative alla politica e alla sicurezza, per dare una spinta all'economia locale, allo sviluppo della società e per servire gli interessi strategici degli Stati Uniti nella regione. Ad ottobre dello stesso anno, il Dipartimento di Stato Usa inviò un telegramma alle ambasciate americane nei Paesi interessati chiedendo d'inserire le politiche adottate dagli Stati Uniti in Asia centrale e meridionale nella cornice dell' "Iniziativa della Nuova Via della Seta" e d'informare di questa decisione i partner internazionali. Questo atto rappresentò l'inclusione formale dell' "Iniziativa della Nuova Via della Seta" nelle politiche ufficiali degli Stati Uniti. Alcuni dei progetti legati ad essa sono già stati completati, inclusa la ferrovia Uzbekistan-Afghanistan e la centrale idroelettrica Sangtuda in Tajikistan, che già fornisce elettricità

国的官方表态及实际进展来看,该计划虽然面临许多困难和风险,如地区内国家基础设施落后、资金不足、相互缺乏信任,以及恐怖主义和极端主义肆虐等,但美国从未明确放弃该计划。

all'Afghanistan. In accordo alle dichiarazioni ufficiali e ai progressi compiuti, gli Stati Uniti non hanno mostrato alcuna intenzione di abbandonare il progetto, nonostante le sfide portate dall'arretratezza delle infrastrutture, dalla carenza di fondi, dalla mancanza di fiducia reciproca e dalla minaccia terroristica ed estremista nella regione.

韩国"丝绸之路快速铁路"

时任韩国总统朴槿惠于2013年10月提出了名为"丝绸之路快速铁路"的构想,旨在构建连接韩国、朝鲜、俄罗斯、中国、中亚、欧洲的丝绸之路快速铁路,并在欧亚地区构建电力、天然气和输油管线等能源网络。"丝绸之路快速铁路"是韩国"欧亚倡议"的核心内容之一,它以铁路为中心,通过铁路、道路、港口及航空构筑起一体化的物流运输交通体系。韩国的"丝绸之路快速铁路"计划因朝韩关系停滞、"欧亚倡议"落地困难等原因而踯躅不前。作为中国的近邻,韩国政府和企业对"一带一路"建设的关注正在逐步增加。

"一带一路" 篇
UNA CINTURA E UNA VIA

Corea del Sud: Ferrovia ad Alta Velocità sulla Via della Seta

Ad ottobre 2013 l'allora presidente sudcoreana Park Geun-hye propose di costruire una ferrovia ad alta velocità sulla Via della Seta per connettere le reti ferroviarie di Corea del Sud, Corea del Nord, Russia, Cina, Asia centrale ed Europa, e creare nel continente eurasiatico una rete per l'approvvigionamento di energia elettrica, gas naturale e petrolio. Questo costituisce un elemento principale dell' "Iniziativa Eurasia" avanzata dalla Corea del Sud che intende integrare ferrovie, strade, porti e aviazione in un sistema unificato di soluzioni logistiche. Tuttavia, il progetto di "Ferrovia ad alta velocità sulla Via della Seta" è stato tenuto in sospeso a causa delle difficili relazioni tra i due Paesi della penisola coreana e dalle difficoltà nel mettere in pratica l'iniziativa Eurasia. Al contempo, il governo e il mondo degli affari della Corea del Sud, Paese vicino alla Cina, stanno mostrando un crescente interesse nei confronti dell'iniziativa cinese "Una cintura e una via".

日本"丝绸之路外交"

日本"丝绸之路外交"由时任首相桥本龙太郎于 1997 年首次提出,初衷是保障日本能源来源的多元化。桥本龙太郎倡议把中亚及高加索八国称为"丝绸之路地区",并将其置于日本新外交战略的重要位置。此后,日本对中亚的外交逐渐被称为"丝绸之路外交"。日本提出这一战略有如下意图:一是从经济利益考虑出发,保障自身能源来源的多元化,抢先占据中亚地区这个储量不亚于中东的能源宝库;二是从地缘政治着眼,谋求日本在中亚和高加索地区站稳脚跟。2004 年,日本重提"丝绸之路外交"战略,并推动设立"中亚+日本"合作机制,旨在通过加强政治影响和经济渗透来争取中亚地区的能源开发与贸易主导权。2012 年,日本向"丝绸之路地区"提供 2191.3 万美元的政府发展援助,投资领域涉及道路、机场、桥梁、发电站、运河等基础设施建设。

Giappone: Diplomazia della Via della Seta

È stata avanzata per la prima volta nel 1997 dall'ex primo ministro Ryutaro Hashimoto con l'intenzione di assicurare al Giappone l'accesso a fonti energetiche diversificate. Questo progetto, che coinvolge otto Paesi dell'Asia centrale e del Caucaso, definiti come "Area della Via della Seta", è stato inserito in una posizione di rilievo nella nuova strategia diplomatica del Giappone. La Diplomazia della Via della Seta ha definito sin da quel momento l'agenda del Giappone in Asia centrale. Questa strategia presenta un duplice obiettivo; il primo è quello di assicurare al Giappone la possibilità di attingere a diverse fonti per l'approvvigionamento energetico mettendo in sicurezza l'accesso alla ricca zona dell'Asia centrale - che presenta maggiori riserve di petrolio rispetto al Medioriente - e dunque di proteggere i suoi interessi economici. L'altro aspetto è quello di costituire una forte presenza geopolitica in Asia centrale e nel Caucaso. Nel 2004, la Diplomazia della Via della Seta ha avuto un nuovo impulso con la promozione del meccanismo "Asia centrale + Giappone"; questo si propone lo scopo di accrescere l'influenza politica e la penetrazione economica giapponese in Asia centrale, e far guadagnare al Paese una posizione leader nello sviluppo energetico e nel commercio. Nel 2012 il governo giapponese ha stanziato 21,91 milioni di dollari per la costruzione di strade, aeroporti, ponti, centrali elettriche e canali nella regione della Via della Seta.

2015年10月,安倍晋三出访蒙古和中亚五国,目的是要激活"日本与中亚对话"机制,侧重在运输和物流等领域促进合作,表明"日本针对中国的'跟跑外交'策略已在中亚拉开帷幕"。

Nell'ottobre 2015 il primo ministro giapponese Shinzo Abe si recò in Mongolia e in cinque Paesi dell'Asia centrale con la missione di rinvigorire il dialogo "Asia centrale + Giappone" concentrandosi sulla cooperazione nei trasporti e sulla logistica. Questa mossa è stata interpretata come il tentativo giapponese di controbilanciare la politica della Cina in Asia centrale.

合作案例

Esempi di cooperazione

中白工业园

2010年3月，时任中国国家副主席习近平到访白俄罗斯，白俄罗斯政府希望能够借鉴中国—新加坡苏州工业园区的模式，在其境内建立中白工业园。2011年9月18日，两国政府签订了关于中白工业园的协定。2012年8月27日，中白工业园区开发股份有限公司成立。2014年6月19日，该工业园在明斯克奠基。2015年5月10日，习近平主席在与卢卡申科总统会谈时，建议推动两国发展战略对接，共建丝绸之路经济带，把中白工业园建设作为合作重点，发挥政府间协调机制作用，谋划好园区未来发展，将园区项目打造成丝绸之路经济带上的明珠和双方互利合作的典范。中白工业园是中国在海外建设的层次最高、开发面积最大、政策条件最为优越的工业园区。该工业园总面积91.5平方千米，连接欧亚经济联盟与欧盟国家，国际公路、洲际公路、铁路穿越园区，具有良好的区位优势。中白工

Parco Industriale Cina-Bielorussia

Durante la visita in Bielorussia dell'allora vice presidente cinese Xi Jinping, a marzo 2010, il governo del Paese manifestò interesse sull'apertura di un parco industriale in Bielorussia ispirato a quello di Suzhou, nella provincia cinese del Jiangsu, e dedicato alla collaborazione tra Cina e Singapore. Il 18 settembre 2011 fu firmato un accordo da entrambi i governi, il 27 agosto 2012 fu costituita una joint-venture, la compagnia di sviluppo del Parco Industriale Cina-Bielorussia, e il 19 giugno 2014 si tenne a Minsk la cerimonia di posa della prima pietra. Durante i colloqui del 10 maggio 2015 con il presidente bielorusso Lukashenko, Xi Jinping, divenuto nel frattempo capo di Stato cinese, propose di sviluppare un allineamento strategico tra Cina e Bielorussia per impegnarsi insieme nella costruzione della cintura economica della Via della Seta, e che considerasse come aspetto centrale della collaborazione tra i due Paesi la creazione di un parco industriale. Xi Jinping enfatizzò inoltre l'importanza che entrambi i governi si coordinassero nella pianificazione del parco, rendendo questo progetto una perla sulla cintura economica della Via della Seta e un modello di cooperazione e mutuo vantaggio. Con un'area di 91,5 km², il Parco Industriale Cina-Bielorussia sarà il più grande costruito dalla Cina all'estero e il più avanzato dal punto di vista tecnologico. Inoltre, beneficerà di condizioni favorevoli e vista la sua posizione strategica, connetterà

业园将以先进制造业和现代服务业为支撑,吸引和积聚智力资源,建成集"生态、宜居、兴业、活力、创新"五位一体的国际新城。

i Paesi dell'Unione economica eurasiatica con i membri dell'Unione europea, offrendo un facile accesso alle ferrovie e alle autostrade internazionali e transcontinentali. Focalizzato sull'industria manifatturiera e su servizi avanzati, il parco attirerà a sé risorse e talenti a livello mondiale, sarà una nuova città internazionale, una vibrante comunità eco-compatibile che abbraccia l'imprenditorialità e l'innovazione, e un luogo ideale dove vivere.

瓜达尔港自由区

2013年5月，在李克强总理出访巴基斯坦过程中，双方同意共同建设"中巴经济走廊"，涉及能源、交通基建等多个方面的合作。2015年4月，习近平主席出访巴基斯坦，进一步推进两国合作事宜。作为"中巴经济走廊"重点项目之一和瓜达尔港开发项目的重要组成部分，瓜达尔港自由区将以港口为依托，重点发展商贸物流、加工贸易、仓储和金融等产业。该自由区奠基仪式于2016年9月1日举行，巴基斯坦总理谢里夫出席，这标志着瓜达尔港建设从港区朝着工业园区扩展，进入新的发展阶段。瓜达尔港自由区将沿用类似深圳蛇口的建设模式，形成一个包括"港口＋园区＋城区"的综合体。巴基斯坦方面将会在土地使用、税收等多个方面给予该自由区以优惠。建成后的瓜达尔港自由区将不仅仅发挥单纯的港口运输功能，围绕这一自由区将形成一整个工业园区，以及相关的贸易、金融多个产业聚集区，不仅会极大地推动瓜达尔港加速开发，而且将带动巴基斯坦俾路支省乃至全国的整体发展。

Zona Franca del Porto di Gwadar

Durante la visita del premier cinese Li Keqiang in Pakistan a maggio 2013, i due Paesi si sono trovati d'accordo sulla costruzione di un corridoio economico per promuovere lo sviluppo delle infrastrutture per i trasporti e l'energia, insieme ad altri progetti. Nel corso della visita del presidente Xi Jinping ad aprile 2015, è stata promossa una più stretta cooperazione bilaterale. Questa zona franca è un elemento chiave del corridoio economico sino-pakistano, una componente essenziale del progetto di sviluppo del porto di Gwadar, e si propone lo scopo di migliorare la logistica per il commercio, di facilitare gli scambi commerciali e di promuovere servizi finanziari e di stoccaggio. La cerimonia di posa della prima pietra della zona franca che si è tenuta il primo settembre 2016 alla presenza del premier pachistano Nawaz Sharif, è stata il simbolo, per il porto di Gwadar, dell'entrata in una nuova fase di sviluppo che include la costruzione di un parco industriale. La zona franca sarà costituita prendendo a modello l'area industriale di Shekou, nella città cinese di Shenzhen, e comprenderà un porto, un parco industriale, insieme a delle aree residenziali, finanziarie e per il business. Il governo pakistano garantirà che la zona sarà esente da tasse, e che sarà possibile di godere di condizioni favorevoli per l'uso del terreno. Una volta completata, la zona franca accelererà in modo significativo lo sviluppo del porto di Gwadar, dando impulso alla crescita economica della provincia del Belucistan e del resto del Pakistan.

科伦坡港口城

科伦坡港口城是斯里兰卡目前最大的外国投资项目，位于首都科伦坡核心商贸区，通过在科伦坡港口附近填海造地的方式，建造一个有高尔夫球场、酒店、购物中心、水上运动区、公寓和游艇码头在内的港口城。该项目由中国交通建设股份有限公司与斯里兰卡国家港务局共同开发。该项目并非两国的政府间项目，而是公私合营的投融资项目，即由斯里兰卡政府负责环境、规划和施工许可，中国企业负责投融资、规划、施工和运营。按最初计划，该港口城规划建筑规模超过530万平方米，工程直接投资14亿美元，将带动二级开发投资约130亿美元，为斯里兰卡创造超过8.3万个长期就业岗位。该项工程于2014年9月17日开工，后因斯里兰卡大选以及政府更迭等因素影响，建设进展有所延宕。经中

Città Portuale di Colombo

È al momento il più grande progetto con investimenti esteri in Sri Lanka, e ha sede presso il quartiere centrale degli affari di Colombo, capitale del Paese. Il progetto prevede la costruzione di una città portuale su un territorio recuperato dal mare vicino al già esistente porto di Colombo, e che comprenderà un campo da golf, alberghi, centri commerciali, parchi acquatici, pensioni e un porto turistico. Questo progetto sarà sviluppato congiuntamente da China Communications Construction Company Limited (CCCC) e dall'Autorità portuale dello Sri Lanka (SLPA). Non si tratta di un progetto intergovernativo, ma verrà portato avanti nel quadro di un PPP (partenariato-pubblico-privato) in accordo al quale il governo dello Sri Lanka sarà responsabile della valutazione dell'impatto ambientale, della pianificazione generale e delle licenze mentre le imprese cinesi si occuperanno dei finanziamenti, della progettazione, della costruzione e delle operazioni di gestione. La città portuale si estenderà su una superficie di oltre 5,3 milioni di metri quadrati. Con un investimento diretto iniziale di 1,4 miliardi di dollari, ci si aspetta che in seguito saranno attirati altri 13 miliardi di dollari in investimenti per lo sviluppo, creando 83000 nuovi posti di lavoro a lungo termine. Dopo la cerimonia di posa della prima pietra il 17 settembre 2014, il progetto ha riscontrato dei ritardi a causa dei risultati delle elezioni generali in Sri Lanka e del conseguente

方多方面交涉，在 2016 年 8 月签署新的三方协议后，该工程项目得以继续推进。

trasferimento del potere ad una nuova amministrazione. Dopo ripetuti sforzi da parte della Cina, ad agosto 2016 è stato siglato un nuovo "accordo a tre" tra l'Amministrazione per lo sviluppo urbano dello Sri Lanka, il Ministero per le Megalopoli e China Harbor Engineering Company per procedere alla continuazione del progetto.

中欧班列

2011年3月,自重庆出发的首趟中欧班列从新疆阿拉山口口岸出境,标志着铁路开始成为海运、空运之外连接亚欧大陆的第三条运输大道。此后,在"一带一路"倡议的推动下,中欧班列进入高速发展期。2015年3月中国发布的《推动共建丝绸之路经济带和21世纪海上丝绸之路的愿景与行动》,明确将中欧班列建设列为国家发展重点。2016年6月8日起,中国铁路正式启用"中欧班列"统一品牌。目前,40条中欧班列线经新疆、内蒙古、东北三个方向出境,通往中亚、俄罗斯、中东欧、西欧等地。随着义乌至伦敦线于2017年1月开通,"中欧班列"的开行范围已覆盖欧洲10个国家的15个城市。据统计,2016年,中国共开行"中欧班列"1702

China Railway Express verso l'Europa

A marzo 2011, il lancio del servizio ferroviario di trasporto merci che dalla città cinese di Chongqing attraversa il passo di Alashankou nel Xinjiang, e giunge poi in Asia centrale e in Europa, ha aperto la porta ad una nuova epoca per il trasporto merci su rotaia come alternativa alla spedizione aerea o per mare. Il trasporto cargo ferroviario tra Cina ed Europa si è sviluppato velocemente grazie all'iniziativa "Una cintura, una via". L'importanza del collegamento ferroviario tra Cina ed Europa è stata evidenziata da un documento pubblicato dal governo cinese a marzo 2015 e intitolato 《Costruzione Congiunta della Cintura Economica della Via della Seta e della Via della Seta Marittima del XXI Secolo - Visione e Azioni》 che stabilisce esplicitamente come China Railway Express sia un progetto di sviluppo considerato prioritario dalla Cina. Dall'8 giugno 2016, le ferrovie cinesi hanno ufficialmente dato il via all'uso del marchio unificato "China Railway Express".

Al momento sono 40 le linee in servizio che corrono attraverso il Xinjiang, la Mongolia Interna e la frontiera del Nord-est verso le destinazioni in Asia centrale, Russia, e in Europa orientale, centrale, e occidentale. Con l'entrata in funzione della linea Yiwu-Londra a gennaio 2017, China Railway Express è già in grado di raggiungere 15 città in 10 Paesi europei. Secondo le statistiche, nel 2016 sono stati 1702 i treni che hanno compiuto un viaggio

列，同比增长109%。中欧班列作为"铁轨上的'一带一路'"，推进了中国与沿线国家的互联互通，它不再只是一条条开放的线段，而是已形成一张开放的网络；它不仅发挥着货物运输通道的功能，而且将承担更多的使命：吸纳全球资金、资源、技术、人才等产业要素，发挥全球产业衔接功能。

transcontinentale tra l'Europa e la Cina, con un 109% in più rispetto all'anno precedente. Il servizio China Railway Express, considerato come "la Cintura e la Via su rotaia" aiuta a rafforzare la connettività tra la Cina e il resto del continente eurasiatico. Una rete interconnessa ha iniziato a sostituire l'azione individuale e non coordinata di varie linee cargo, e in aggiunta all'offerta di soluzioni per il servizio ferroviario di trasporto merci, questa rete contribuisce a far fluire investimenti, risorse, tecnologia e personale specializzato, e facilita una collaborazione intersettoriale a livello globale.

雅万铁路

雅万铁路是中国企业参与投资建设的印度尼西亚首条高速铁路,从该国首都雅加达至第四大城市万隆,全长 150 千米,将采用中国技术、中国标准和中国装备,设计时速为每小时 250 至 300 千米。建成通车后,从雅加达至万隆的时间将缩短为约 40 分钟。2015 年 10 月 16 日,中国铁路总公司在雅加达与印度尼西亚四家国有企业签署协议,组建中国—印尼雅万高铁合资公司,负责印尼雅加达至万隆高速铁路项目的建设和运营。雅万高铁项目是国际上首个由政府主导搭台、两国企业间进行合作建设的高铁项目,是国际铁路合作模式的一次探索和创新。2016 年 1 月 21 日,雅万高铁项目开工奠基。雅万铁路不仅将直接拉动印尼冶炼、制造、基建、电力、物流等配套产业发展,增加就业机会,推动产业结构升

Ferrovia Jakarta-Bandung

È la prima ferrovia ad alta velocità dell'Indonesia costruita con la partecipazione di imprese cinesi. Questa linea, lunga 150 km, collegherà la capitale dell'Indonesia Jakarta a Bandung, quarta maggiore città del Paese; è stata progettata per sostenere una velocità tra i 250 e i 300 km/h, e sarà costruita con tecnologia e attrezzature provenienti dalla Cina, nel rispetto degli standard cinesi. Dopo il completamento del progetto, la durata del viaggio tra le due città sarà ridotto a circa 40 minuti.

Il 16 ottobre 2015 è stato raggiunto un accordo tra China Railway e quattro imprese statali indonesiane, in seguito al quale è stato costituito il consorzio sino-indonesiano PT Kereta Cepat Indonesia China (KCIC) responsabile della costruzione e della gestione della linea. Il progetto presenta un approccio innovativo alla cooperazione internazionale, con affari per entrambi i Paesi, coinvolti attraverso il sostegno dei loro governi. La cerimonia di posa della prima pietra si è tenuta il 21 gennaio 2016.

La principale aspettativa nei confronti di questa ferrovia è che possa costituire uno stimolo alla crescita per diversi settori come quello metallurgico, manifatturiero, delle infrastrutture, della produzione di energia elettrica e della logistica, e che sia in grado di creare occupazione e promuovere la riqualificazione industriale dell'Indonesia. In modo particolare, la ferrovia faciliterà i viaggi, amplierà

级,而且建成通车后,能够极大地方便民众出行,促进沿线商业开发,带动沿线旅游产业快速发展,并为中国—印尼之间在基础设施、商贸等领域的进一步合作奠定良好基础。

le opportunità commerciali e promuoverà il turismo nei luoghi toccati dal suo passaggio. Inoltre, sarà in grado di fornire una solida base alle future collaborazioni tra Cina e Indonesia in diversi campi, come quello commerciale e dello sviluppo delle infrastrutture.

中老铁路

2010年4月，中国与老挝两国间首次就合资建设、共同经营中老铁路达成共识；2012年10月，老挝国会批准了中老铁路项目；2015年12月，中老铁路老挝段举行了奠基仪式；2016年12月25日，中老铁路全线开工仪式在老挝北部琅勃拉邦举行。中老铁路不仅是第一个以中方为主投资建设、共同运营并与中国铁路网直接联通的境外铁路项目，也是继印尼雅万高铁项目之后第二个全面采用中国标准、中国技术和装备的国际铁路建设项目。该条线路同时也将成为泛亚铁路网的重要组成部分。中老铁路北起两国边境磨憨—磨丁口岸，南至万象，全长400多千米，其中62.7%以上路段为桥梁和隧道，设计时速160千米，预计2021年建成通车，总投资近400亿人民币，由中老双方按70%和30%

Ferrovia Cina-Laos

Ad aprile 2010 è stato raggiunto un accordo tra Cina e Laos sulla prima ferrovia che congiunge i due Paesi e che sarà finanziata, costruita e amministrata da entrambi.

Nel mese di ottobre del 2012, l'Assemblea Nazionale del Laos ha dato il via libera al progetto. La cerimonia per l'inizio dei lavori della tratta all'interno del Paese del sud-est asiatico si è tenuta a dicembre 2015, mentre la costruzione della ferrovia è stata avviata il 25 dicembre 2016, dopo la cerimonia d'inaugurazione organizzata nella città di Luang Prabang, nel Laos settentrionale.

Questa linea costituisce il primo progetto ferroviario della Cina per collegare il Laos alla sua rete ferroviaria interna, e il secondo di questo tipo - dopo la ferrovia Jakarta-Bandung in Indonesia - ad essere condotto con tecnologie e attrezzature cinesi, nel rispetto dei suoi standard. Questa sarà anche una parte importante della rete ferroviaria panasiatica. La linea, lunga 400 km, inizierà il suo tragitto dal passo di Mohan-Boten e dopo aver attraversato la frontiera tra Cina e Laos, si dirigerà a sud, verso la capitale Ventiane. Il 62, 3% della linea sarà caratterizzato dalla presenza di ponti e tunnel; la sua attivazione è prevista per il 2021, e potrà sostenere una velocità di 160 km/h. L'investimento per questo progetto sarà di circa 40 miliardi di yuan (5,76 miliardi di dollari), il 70% dei quali sarà stanziato dalla Cina e il rimanente dal Laos.

的股比合资建设。中老铁路项目建成后,一方面将极大地带动老挝经济社会发展,提高当地运输效率和水平,扩大和提升老中两国在经济、贸易、投资、旅游等领域的合作,进一步增强中国—东盟自贸区的经济联系;另一方面也将为中国西南地区经济发展注入新的动力。

Dopo la sua entrata in funzione, la ferrovia darà un significativo impulso allo sviluppo economico e sociale del Laos, faciliterà i trasporti locali, migliorerà la loro efficienza ed espanderà la cooperazione tra i due Paesi in aree come il commercio, gli investimenti e il turismo. Inoltre, contribuirà allo sviluppo della zona di libero scambio China-ASEAN, e inietterà nuova vitalità all'economia della regione sudoccidentale della Cina.

中国关键词 | Parole Chiave per Conoscere la Cina-l'iniziativa

中泰铁路

中泰铁路是中国与泰国合作建设的泰国首条标准轨铁路，按最初计划，该铁路全线总长近 900 千米。2012 年，时任泰国总理英拉访华，两国提出"大米换高铁"计划，但随着泰国政局的动荡，这一计划被搁置。2014 年 12 月 6 日，泰国国家立法议会批准中泰铁路合作谅解备忘录草案。同年 12 月 19 日，李克强总理和巴育总理共同见证了《中泰铁路合作谅解备忘录》的签署，随后，中泰铁路进入正式协商阶段。2015 年 12 月 19 日，中泰铁路项目在泰国举行了启动仪式。2016 年年初，中泰铁路曼谷—呵叻段开工建设，大约 3 年内完工，而整条线路将在 5 年内建设完成。中泰铁路合作项目是中国"一带一路"倡议与泰国巴育政府基础设施建设规划有效对接的范例。中泰铁路主要途经泰国东北

Ferrovia Cina-Thailandia

Sarà la prima ferrovia a scartamento normale in questo Paese, e sarà costruita congiuntamente da Cina e Thailandia per una lunghezza totale di quasi 900 Km, come previsto dal progetto iniziale.

Il piano "riso per il treno ad alta velocità" fu avanzato per la prima volta da entrambi i Paesi nel 2012, durante la visita in Cina dell'allora primo ministro thailandese Yingluck Shinawatra, e fu poi accantonato a causa dei disordini politici in Thailandia.

Dopo l'approvazione del Parlamento thailandese il 6 dicembre 2014, il 19 dicembre ci fu la firma di un memorandum d'intesa per il progetto ferroviario, cui presero parte il premier cinese Li Keqiang e il primo ministro thailandese Prayut Chan-o-cha. In seguito si diede il via alle consultazioni formali sul progetto.

La cerimonia di posa della prima pietra si è tenuta in Thailandia il 19 dicembre 2015. All'inizio del 2016 sono partiti i lavori per la costruzione della tratta Bangkok-Kaeng Khoi, che secondo le previsioni saranno completati in tre anni. L'intera linea dovrebbe essere pienamente operativa in 5 anni.

Questo progetto di cooperazione nel settore ferroviario costituirà una vetrina attraverso cui sarà possibile mostrare l'effettiva convergenza tra l'iniziativa cinese "Una cintura e una via" e i piani di sviluppo infrastrutturale della Thailandia.

部地区,所经站点均为泰国重要城市,因此将大大促进泰国东北部经济发展,惠及民生。

La ferrovia attraverserà il nord-est del Paese e tutte le sue principali città, promuovendo in modo deciso lo sviluppo economico della zona a beneficio dei suoi abitanti.

蒙内铁路

蒙内铁路是东非铁路网的起始段,全长471千米,设计运力2500万吨,设计客运时速120千米、货运时速80千米,连接肯尼亚首都内罗毕和东非第一大港蒙巴萨港,是首条在海外全部采用"中国标准"建造的铁路。它因为是肯尼亚百年来修建的第一条新铁路,所以有该国"世纪铁路"之称。该铁路于2014年10月正式开工建设,预计2017年6月1日开通试运行。建成后,蒙巴萨到内罗毕将从目前的10多个小时缩短到4个多小时。根据远期规划,该铁路将连接肯尼亚、坦桑尼亚、乌干达、卢旺达、布隆迪和南苏丹等东非6国,促进东非现代化铁路网的形成和地区经济发展。据统计,蒙内铁路建设期间,为肯尼亚带来近3万个就业机会,年均拉动国内生产总值增长1.5%。建成后,当地物流成本可以降低40%。

Ferrovia a Scartamento Normale Mombasa-Nairobi

È il tratto iniziale della rete ferroviaria dell'Africa orientale che si estenderà per 471 km. I treni passeggeri potranno viaggiare alla velocità di 120 km/h, che saranno 80 km/h per i convogli merci in grado di trasportare 25 milioni di tonnellate l'anno.

La linea ferroviaria collegherà Nairobi, capitale del Kenya a Mombasa, il più grande porto dell'Africa orientale; sarà la prima costruita fuori dalla Cina nel completo rispetto degli standard cinesi, e la prima portata a termine in Kenya negli ultimi cento anni.

I lavori sono iniziati ad ottobre del 2014, e si prevede che la ferrovia aprirà al traffico il primo giugno 2017. Una volta in servizio, le ore di viaggio da Mombasa a Nairobi saranno ridotte dalle attuali 10 a poco più di 4.

Secondo quanto stabilito nel piano a lungo termine, questa ferrovia collegherà 6 Paesi dell'Africa orientale - Kenya, Tanzania, Uganda, Ruanda, Burundi e Sud Sudan, promuovendo la formazione di una rete ferroviaria in questa regione e il suo sviluppo economico. I dati statistici indicano che la costruzione della ferrovia Mombasa-Nairobi ha creato quasi 30000 nuovi posti di lavoro e ha contribuito alla crescita del PIL del Paese con un +1,5%. Dopo il completamento del progetto, ci si aspetta una riduzione del 40% dei costi per il trasporto merci.

亚的斯-阿达玛高速公路

亚的斯—阿达玛高速公路是埃塞俄比亚乃至东非地区首条高速公路。这条高速公路由中国政府融资支持，全部采用中国技术和标准承建。该条公路连通埃塞俄比亚首都亚的斯亚贝巴和该国第二大城市阿达玛，对改善埃塞俄比亚民众出行、提高运输效率及吸引外商投资发挥着重要作用。该公路全长100多千米，一期和二期项目分别于2014年5月和2016年8月竣工。项目实施中，承建的中国企业不仅雇佣大量本地劳动力，也对埃塞俄比亚输出了技术和管理经验，有助于埃塞俄比亚加强基建能力建设。

Autostrada Addis Abeba-Adama

È la prima autostrada dell'Etiopia e dell'Africa orientale costruita con il supporto finanziario del governo della Cina, e che impiega tecnologia e standard cinesi. Quest'arteria collega la capitale Addis Abeba e la seconda maggiore città del Paese, Adama, migliorando l'efficienza dei trasporti e la capacità dell'Etiopia di attirare investimenti esteri. Le due fasi della costruzione dell'autostrada, lunga 100 km, sono state completate rispettivamente a maggio 2014 e ad agosto 2016. Oltre al largo uso di manodopera locale, gli appaltatori cinesi hanno portato in Etiopia competenze tecniche e manageriali, contribuendo alla sua capacità di sviluppo infrastrutturale.

卡洛特水电站

卡洛特水电站位于巴基斯坦北部印度河支流吉拉姆河上，距离首都伊斯兰堡的直线距离约 55 千米，是"一带一路"建设的首个水电项目，也是丝路基金 2014 年年底注册成立后投资的首个项目，同时还是"中巴经济走廊"优先实施的能源项目之一，更是迄今为止中国企业在海外投资在建的最大绿地水电项目。该项目采用"建设—经营—转让"的运作模式，已于 2015 年年底正式开工建设，预计 2020 年可以投入运营，运营期为 30 年，到期后无偿转让给巴基斯坦政府。该水电站的规划装机容量是 72 万千瓦，每年发电 32.13 亿度，总投资金额约 16.5 亿美元。除主要用于发电外，该项目还有防洪、拦沙、改善下游航运条件和发展库区通航等综合效益。项目建设期间，可为当地提供 2000 多个直接就业岗位，同时将带动当地电力配套行业的协调发展和产业升级。

Progetto della Centrale Idroelettrica di Karot

La centrale idroelettrica di Karot si trova sul fiume Jhelum, un affluente dell'Indo, e dista 55 km in linea d'aria dalla capitale pakistana Islamabad. È la prima centrale di questo tipo costruita nel quadro dell'iniziativa "Una cintura e una via", e primo progetto finanziato dal fondo della Via della Seta sin dalla sua fase iniziale nel 2014. È anche uno dei progetti prioritari del corridoio economico sino-pakistano, e il più grande investimento mai intrapreso da un'impresa cinese all'estero in un mercato poco conosciuto.

Si tratta di un progetto infrastrutturale di tipo BOT (build-operate-transfer) iniziato nel 2015, e si prevede che sarà operativo nel 2020. Dopo il suo completamento, sarà messo in funzione e amministrato dall'azienda appaltatrice per 30 anni, al termine dei quali la proprietà sarà trasferita gratuitamente al governo pakistano.

Con un investimento di 1,65 miliardi di dollari, la centrale disporrà di una capacità installata di 720.000 kW con una produzione annuale di 3,213 miliardi di kWh. In aggiunta alla produzione di elettricità, la presenza della centrale svolgerà un ruolo importante nella prevenzione del rischio di inondazioni e nel controllo dei sedimenti, migliorando i trasporti fluviali a valle e nella zona serbatoio. Ci si aspetta che il progetto crei più di 2000 nuovi posti di lavoro, e che promuoverà lo sviluppo coordinato dei relativi settori.

图书在版编目（CIP）数据

中国关键词."一带一路"篇：汉意对照/中国外文出版发行事业局，中国翻译研究院，中国翻译协会著；王宝泉等译. —北京：新世界出版社，2017.5
ISBN 978-7-5104-6247-4

Ⅰ.①中… Ⅱ.①中…②中…③中…④王… Ⅲ.①中国特色社会主义–社会主义建设模式–研究–汉、意②"一带一路"–国际合作–研究–汉、意 Ⅳ.① D616 ② F125

中国版本图书馆 CIP 数据核字（2017）第 076315 号

中国关键词："一带一路"篇（汉意对照）

作　　者	中国外文出版发行事业局　中国翻译研究院　中国翻译协会
翻　　译	王宝泉　金　京　刘　湃　Massimo Carrante
审　　定	王宝泉
改　　稿	Massimo Carrante（意大利）
责任编辑	葛文聪
特约编辑	李　旭　陶　红　耿　伟
责任印制	李一鸣　黄厚清
出版发行	新世界出版社
社　　址	北京西城区百万庄大街 24 号（100037）
发 行 部	(010) 6899 5968　(010) 6899 8705（传真）
总 编 室	(010) 6899 5424　(010) 6832 6679（传真）
	http://www.nwp.cn　http://www.nwp.com.cn
版 权 部	+8610 6899 6306
版权部电子信箱	nwpcd@sina.com
印　　刷	北京中印联印务有限公司
经　　销	新华书店
开　　本	120mm×200mm　1/32
字　　数	100 千字　印　张：6
版　　次	2017 年 5 月第 1 版　2017 年 5 月北京第 1 次印刷
书　　号	ISBN 978-7-5104-6247-4
定　　价	78.00 元

版权所有，侵权必究
凡购本社图书，如有缺页、倒页、脱页等印装错误，可随时退换。
客服电话：(010) 6899 8638